Kneeling

Ernest McMillan

Kneeling

TRANSCENDING THE TURBULENT '60S THROUGH VERSES AND RHAPSODIES

LA REUNION PUBLISHING

DALLAS, TEXAS

La Reunion Publishing,
an imprint of Deep Vellum
3000 Commerce St., Dallas, Texas 75226

Deep Vellum is a 501c3 nonprofit literary arts organization founded in 2013
with the mission to bring the world into conversation through literature.
deepvellum.org · @deepvellum

LIBRARY OF CONGRESS CATALOGING-IN-PUBLICATION DATA

Names: McMillan, Ernest, 1945- author.
Title: Kneeling : transcending the turbulent '60s through verses and
rhapsodies / Ernest McMillan.
Description: First US edition. | Dallas, Texas : Deep Vellum Publishing,
2023.
Identifiers: LCCN 2023018769 | ISBN 9781646052080 (trade paperback) | ISBN
9781646052349 (ebook)
Subjects: LCGFT: Poetry. | Short stories.
Classification: LCC PS3613.C585426 K64 2023 | DDC
818/.609--dc23/eng/20230613
LC record available at https://lccn.loc.gov/2023018769

ISBN (hardcover) 978-1-64605-208-0
ISBN (Ebook) 978-1-64605-234-9

Cover design by Zoe Guttenplan

Interior layout and typesetting by KGT

PRINTED IN THE UNITED STATES OF AMERICA

To those invincible, unseen guides: Spirit, Heart, Ancestors, Angels, Orishas, who often whisper with soft gentle nudges, and then, when absolutely required, heavy, blistering jolts . . .

And to my offspring:

Angela Lanette, Ernest Ohene Kitiwa, and Dafina Toussainte, and their respective journeys,

May you forever be a light unto yourself.

ACKNOWLEDGMENTS

The exquisite creative production team: Anyika McMillan-Herod, Chris Herod, Kijana Martin, and Dafina McMillan for their constant care and support. A grateful salute to Michael Tate and Jennifer Gunn who stepped in and up, during most uncertain times, those early, frightening weeks of the paralyzing pandemic, and said "Yes, we will stand with you," extending their honing skills, gracing the pages as the final catalyst.

The gracious and talented translators: Dr. David Banks, Frida Espinosa-Müller, Elizabeth Hernandez Fernandez, and Maribel Rubio. Maribel graciously reviewed all the translated poems and made all the final Spanish edits.

TABLE OF CONTENTS

PROLOGUE

Introductions: Be forewarned and also encouraged to enter.

The written expressions enclosed within these pages are just that, mutterings, whispers and cries that came to me at varying times through-out the past several decades. The short stories were birthed first: They emerged while I was confined in the Leavenworth Federal Prison and crisscrossed with me through Texas prison farms, caged city warehouses and plantation dungeons during the early to mid-seventies. As an adolescent and up to my mid-twenties I disliked poetry. I regarded poems then as words trapped within some confining rhyme scheme and, worse still, residents of some nonsensical world which I did not relate to or wish to subscribe to. Life has a way of grinding down my stubbornness and hammering away at my arrogance. Then, much later, the poems I repost within these pages began to spill over, erupt at times: following the birth of my youngest child (in the early eighties) through to the very latest, poems that poured out very recently: sprouted from streets with no names in Cuba, Honduras and West Africa, and have come to rest on these pages.

This collection is a wildly mixed set of poems, odes and short stories reflecting dreams, encounters, and musings—the joys and chores of daily living. I offer them to you as pieces of a man who, like you, witnesses life unfolding, from agonizingly smooth motions to rocking, bumpy and, all too often, inexplicable dances. These are resonances from one who (on many days) feels blessed to notice his breaths come and go, and who (on other days and nights) manages to sit still and rejoice while the heart pumps and the blood splashes through this body.

PRELUDE

A LITTLE SOMETHING

Your letters need not be long,
glossy or stuffed tightly in an envelope like a fat man.
Your words need not be ornaments or elaborate pieces carved from a
    thesaurus.
Any gift you extend me need not be wrapped in colored paper, or folded
    within expensive foil, or prepared for a holiday of the crowd.
It is a treasured gift as it comes simply from (somewhere, everywhere)
    within you.
Just a little something from your heart is all.
A glistening glance flowing without delay into my eyes, or adrift from
    across the room while we are fumbling about in two separate worlds.
Just a little something from the heart is all.
A smile without reason or purpose or scorecard.
Your hand resting, as if on a throne, but simply a lingering caress on my
    thigh.
Your shoulder nestled with mine while our eyes gaze toward the sunset
    or out upon warm and gentle azure waves.
A little something from your heart . . . Is all.
Combustible spontaneity . . . Unfiltered, naked.
Unrehearsed, silent.
Non mind guards:
absent of games and censors.
Just a little something from the heart.

TROUBLED SPIRITS

LET'S GO FORWARD TOGETHER

Ceaselessly delve, search, dig, move, ask, rip, tear, reach, plunge, go,
    question, push, drive . . .
Soar!
Soar beyond flags, across borders, through icons.
Ceaselessly delve, search, dig, move, ask. Soar.
Beyond symbols, ideas, words, images, rituals, crosses, crucifixes,
    temples, beyond churches, synagogues, and mosques,
Ceaselessly delve, rip, tear, reach, plunge, go. Soar.
Transcend languages, tongues, idioms, speeches, prayers, sermons,
    lectures, cheers, rallies, marches,
Ceaselessly delve, question, push, drive, Soar.
Eternally discovering: seeing, witnessing, experiencing
Forever imbibing rawness, impulse, extension, longing, thirst, yearning,
    desire,
Forget self, drop motive, abandon ambition, leave desire, depart goals.
Just aspire. Aspire to aspire. Aspire for aspiring's sake. Ache, yearn,
    hunger.
LOVE. Simply love. Love simply. Only love.
Rise and Soar!

NIGHT DEMON

She was surrounded and barely visible as he pushed his way toward her through the raging mob. The crowd was swarming, yet he pushed forward, seeking to find some opening, any space between the elbows, shoulders and arms of the teeming horde that encircled her. He was afraid, unsure if he could call her name loud enough for her to hear that he was there, coming to reach her, to pull her away, separate her, to wrestle her to safety, to his side. Those opposing bodies were ruthless, a formidable enemy, a crushing wall of humanity, a screaming contorted mass, some recognizable and once friendly, approving, smiling faces now gruesome monsters.

Suddenly now he felt hands tugging at him from behind, grabbing his shirt, clutching his shoulders and pulling him backward. The pull was so forceful and unexpectedly swift that he lost his balance and fell to the concrete. Now he was being kicked from nearly all sides and being dragged farther away from her. Somehow he was being pulled away and out of reach and out of harm's way now. The crowd, sensing victory over him, turned back to swarm her once again. Those once pulling grips loosened, then finally ceased their hold. Standing over him now was a sweaty old preacher man who waved his arms and shouted, "Go back, go back from where you came!" He could hear another voice lifting from the crowd, a piercing solitary voice rising above the preacher's saying, "Save yourself! . . . Leave now and save yourself!"

He ignored that new voice, though it sounded familiar, kind, and well meaning. He quickly turned and stepped into the swirling mass once more. He pushed, pried and clawed against the swarmers' backs now. The crowd began to give way to him as he neared the center of the circle. The pursuers slowed, and began to back away from her. He stood in the middle of the opening, alone and facing her. She lay on her back, legs joined and turned aside, her elbows propping her torso as she scanned the faces of monsters and rested her eyes on his. Blood streamed from his lips, his torn clothing exposed the welts and scratches on his arms, neck, shoulders and chest. The horde began a rolling, mumbling monotone, swelling in volume and intensity. The humming sounds became curses; some spat at him as others laughed. In unison the mumbling sounds crested at a feverish level: "Tell him," he heard the voices say. The voices rose to a crescendo: "Telllll himmmm. Telllll himmmm. Tell him! Tell him!! Telhimm. Telhim. Telim. Teliim," they roared.

She fought for her breath; wiped away sweat and tears from her cheeks. Her eyes then darted to scan the crowd and she struggled to her feet. She moved across the circle, crossing her legs with each cautious step, facing the chanting forms. She rounded the entire circle with her gaze, slowly turning to look at him, her eyes locked into his. She parted her lips, then slowly began to move her mouth. The mob chant ceased, and though her mouth moved, no words were uttered, no sounds emitted.

She began to move her head from side to side, protesting. She closed her eyes while slowly shaking her head as if saying no, no, no, but no words came forth. She moved her hands slowly to her head, her fingers opened and clutched her face, as if to keep her head from moving.

The crowd began to whisper in unison, "Tell him . . . Tell him . . . Tell him . . ."

He stepped toward her, gently placing both of his hands over hers and moving them from her head and face to her side. He held her. She seemed close to collapse yet determined to stand on her own.

He searched her eyes as she placed two of her fingers to his lips.

"No . . . don't say anything," she whispered . . . "Listen to me now, just . . . just listen to me . . ." He drew back his head and returned his eyes to hers.

"It's over . . . There is nothing here for you anymore. You may want for us to be together, to stay together, but it's got to end . . . It's ended."

He bolted forward and gasped for air. There was a trickle of light entering from a small corner of the room's only window. The sun was beginning its morning stretch. He ran his hands across the damp sheets, his sweating chest and arms. There were no welts. No bruises. No blood. His heart pounded heavily, and sweat from his skin rolled down to his fingers. His startled break from a deep sleep had not awakened her. He leaned back onto the pillow and heard the sound, "God, good God" form through his labored breaths.

He turned toward her. She lay on her side, legs curled to her chest. He softy pressed his body against every inch of hers, draped an arm over her, and slid the other under her neck. She released a soft sigh and moved her lips to rest on his arm. He closed his eyes once again and gave silent thanks for that dream, those demons. "Life is still life," he thought to himself. "How is it . . . why is it that life at times is so fragile, yet so reliable, so painful, then so pleasurable . . . so amazing and yet so routine?" he wondered. Feeling sleep returning, he cuddled his head upon the pillow. With mystery dancing, racing through his heart, and a prayer for another chance at living throbbing though his arteries, he prayed that the moments and days to come would be an incubator for tiny new sprigs inside . . . all straining to become mighty.

WHILE YOU SLEEP

This man wonders:
What dreams saturate your resting body?

This man asks:
What soft thoughts and light breezes range within your eyelids?

Surely Eden exists,
since no frowns, nor quivering brows trace your crown.
Paradise surely envelops your nap
as neither morning dreads, yesterday's worries, nor weighted memories
    dare enter.

At this moment:
A motorbike rattles near. Light smoke lifts into the air, grazing your
    nostrils.
A rooster crows.
A truck rumbles past
As a couple's whispers are exchanged.
A puppy yelps, a shadow glances the window sill. At this moment:
a church bell intones from the distant hill. A bird chirps.
A baby attests in an idiom only "mommy" knows.

Yet you,
your heart,
your arms,
your breaths—
all—

extend forth from your slumber, unfolding, dipping all/me within a
    tranquil embrace;
your tender web.
I am, no all are, entwined, held captive—immersed, spellbound.

Till you rise once more.
Fully present.
Wholly returned
With that luscious glow as the new bride . . .
my love forever.

WHEN I SEE YOU

No instrument, no symphony can play the pulsing music of my heart
    when I see you.
When your smile emerges, no words, no rhymes
can translate the language within my soul your radiance ignites.
So, when I see you,
do not listen for words to reveal this love.
Do not search for any trinkets of gold, silver or silk within my palms I
    may hold out to you;
to imitate or measure the precious treasure you are to me.
Simply gaze into my eyes, touch my chest,
accept my hands,
regard my feet from distant shores,
brush my lips ever so slightly
to begin witnessing glimpses, reflections,
feelings vibrating, residing within
and know truly a glimpse of the deep, abiding rivers carrying your
    ecstasy.

LOVE IN THE MIDST OF WAR

ONE NIGHT, JUST YOU AND I

It was nearly my last night in Camaguey, a warm May evening.
We sat on the edge of the sidewalk in front of our apartment
Just you and I.
The neighborhood band had passed, treating us to its drums' spirits in
    its final preparations for Carnival.
We sat, sipping on rum and talking through the night.
A dog might pass and you might call it and pat its head.
A neighbor would pass and we would say hello.
More than anything that night was the closeness I felt with you as you
    shared tales of your life
growing up and becoming the Yoli you are now:
Of when you were twelve and carrying Yomani on your back to go for
    help when he was sick.
Of life for you before and after your dad left for the States.
Of the fun and fights with Nelly and Yari.
Of being proud and of being hurt,
of days on the shores of Santa Cruz, and nights of sharing a bed with
    family,
and of facing an unnecessarily loud and angry husband on the public
    streets . . .
I remember that night.
Just you and I.
Do you?
I fell in love with you all over again that evening . . .

GUANTANAMO TRANSPLANT

Her arms extended in the air,
she moves.
Her eyes closed, a smile unfolds from some place deep within.
She moves her head from side to side.
Her hips roll in concert with waves of the Caribbean tide.
Her world this moment
is a heaven few may ever know, but many desire to enter.
The sun.
La musica.
The sear of joy inside.
The sun.
La musica.
The pulse of an African drum inside.
The sun, hot volcanic.
The musica, flowing Cuban juices inside.
It's a cool night upon my bed.
I lose myself into her world,
her dreams, her body.

WILDFLOWER

Let the rain fall down upon her.
She's a free and gentle flower growing wild.
                                        —Wayne Shorter/New Birth

I was new to the neighborhood, a new arrival from the Deep South and this was South Side Chicago, supposedly Disciples gang country. She was standing in the apartment's courtyard talking to several people gathered around. I had stumbled there, emerging from my third floor apartment for a breath of fresh air after spending afternoon hours painting barren walls. I stood unnoticed, about 30 feet away. She wore faded blue jeans, cut into shorts, and a gold Ban-lon blouse. Her small breasts trembled against the thin material as she moved. The sleeveless blouse helped emphasize her slender brown arms. Her hands gestured as she spoke, telegraphing her points to rapt listeners. I stood at the edge of the steps, watching . . . debating whether to join them or not. Though I had never seen her before, I knew then that she must be Carmen Vernardo.

Months before ever seeing her I had heard of her. Everyone in the apartments seemed to know her, admire her in some way. During my short stay, no week would pass without some references to her, utterances of her name. During my very first weeks of living in these apartments, she was in Cuba cutting sugar cane and "witnessing socialism in practice." I was curious. I'd often hear people then asking if there was any news of her. It was after I heard someone shouting, Carmen's back!" that I stood in the courtyard seeing her for the first time. I was so flustered that I decided not to meet her then, not like that. A basketball rolled to my feet and I picked it up. Some kids ran over yelling for me to throw it

back. Teasing them, I dribbled the ball, making them chase me, scream-
ing, cursing and laughing, to the park behind the apartments.

It would be useless to try to classify Carmen; she isn't a type. The
apartment complex itself was the center for an unbelievably wide array of
souls. Carmen was the richest and most peculiar. It did not take me long
to discover that in this tiny world of Sixty-second and Ellis, she was rec-
ognized as poet laureate, spiritual advisor, ideologian, and witch. Within
the apartments there was a very loose clique of regulars—an assortment
of students, workers, and "lumpens." There was George, an ex-con and
now dean at Central College; Silva, the grass dealer; Carolyn, a social
worker educated by Saul Alinsky; Sol, the young worker, forever fight-
ing the merry-go-round of layoffs and new jobs; "Pretty Dan," the hus-
tler; Karen, the divorcee, owner of a master's degree, a welfare card
and a hysterical young son; Les, the junkie musician; Richard, the high
school teacher; Anita, the waitress working her way to Africa; Robert,
the steelworker; Barbara, part-time nurse, part-time jet engine mechanic;
and Georgia, the Black Panther sister. George was the "old man" of the
group, not simply because of his vintage age of 74 years, but for his world-
liness and drive. Next to George, Carmen was the most magnetic, most
ubiquitous apartment citizen.

I finally met her that evening over at Carolyn's apartment, at what
could be called a party. It was an unannounced occasion—it just sort of
happened; a dozen of the community folk gathered to welcome Carmen
back home. I was very enlivened, and mainly by her presence. I studied
her as she described Cuba, and her experiences there. She had an effort-
less manner in speaking; so easy to listen to her. It was a call and response
energy. The entire room participated in her new, strange experiences.
She moved us from an atmosphere of near spiritual communion to hot
debate, and from light talk to earthshaking bombardments. I suspected
then that nothing nearly as exquisite could be without her presence.

It was later that I recognized that only a few remained in the room.
Then Karen departed after promising some guy a treat for walking her

home. Carolyn and Georgia ducked into the bedroom, making Carmen and me the sole survivors. She stayed and we talked . . .

The morning light found us together at the kitchen table drunk on hot tea. It had been a marathon, a seminar of the sort that lifts barriers and lays souls bare. I learned during the night and early morning of a difference between speaking to another and speaking with another.

Carmen required intimacy in her life—she seemed to gasp for it as a fish out of water. And though it was a near-desperate need, it was her strength, an essential force. I was amazed, but wondered how she could help but exhaust herself in the way of meteors or prairie fires. We slept together that early morning and ran through the park in the evening. Carmen spent her childhood in Gary, Indiana, a steel town just south of Chicago. She was the oldest of five, three brothers and a sister. She discovered at the age of eleven, late one night, that her mother was a lesbian. And for several years afterward, she ran and screamed within herself. She became an introvert in her young formative years, spending time alone with books, microscopes and collections of all sorts. She took watches, clocks and molecules apart and reassembled them while her peers dated, and she played at being popular. Her solitude was her refuge. She must have appeared dull and dry to cheerleaders and football stars, yet her internal universe was aglow and exciting. Her spirit couldn't help but emerge, break to the surface one day—too mighty to be contained—and it did.

She became a sensitive sister, a liberated woman, a child of the ghetto, an inventive person—an iconoclast, selfless lover, and steadfast friend. Carmen lived her convictions, her faith. She was a wonderful inconsistency: a socialist who hoarded privacy; one who protested injustices and yet refused to serve on juries. She believed in people and hated laws and rules for people. She loved to dance, breaking out into a step anywhere and anytime, but dodged dance halls and ballroom floors. Carmen despised role playing: she felt teachers should be life students as well; that parents be at ease enough with themselves to play hopscotch or marbles with their children.

She once told me that the concept of masculinity and the defined roles for men were warped. The so-called strong-silent type, for example, was more a frailty. To Carmen, everyone was, after all, a person; there were no gods or awe-inspiring, larger-than-life heroes. I learned from a friend who made the trip to Cuba with her that she once walked up to Fidel who was visiting the Americans' Venceremos Brigade, patted his stomach and told him he was getting fat. The visiting Americans, along with the Cuban bodyguards and entourage, grew tense and embarrassed, but Fidel and Carmen laughed.

Chicago's El trains are often only a few feet away from some apartments on the South Side. They create great vibrations, tremors and noises at regular intervals. Somehow people learn to adjust to and cope with them. One afternoon, Carmen and I were escorting a friend returning home from the hospital with her brand new baby girl for the first time. The friend lived in one of those places where you can reach out the window and practically touch the El tracks. Suddenly, a train roared by, and the sleeping child awoke, flailing her arms and screaming. The noise invades the skull like a sharp migraine. The baby shrieked and trembled for several long excruciating minutes. We were afraid for the child who seemed tortured to the point of near convulsions. Mercifully, the train moved on, the noise subsided and the baby eased into some calmness. As we began to leave, I said to the new mother and to Carmen that the child would soon get used to it. Carmen exploded angrily at me saying, "You never get used to it, never!" "Somewhere," she continued, "in each of us is the same shivering mind. It may be buried deep and we may walk around like zombies, but inside, our minds are screaming. We're all ready to stampede."

I met Carmen at a critical juncture in her life—on the rebound of a marriage fiasco. She was legally married, having not bothered with the courts for an official divorce rendering. Her "husband" was a newly ordained Baptist preacher, a "reformed homosexual" he told her. I believed she married to resolve the social pressures on her, to satisfy her mother's wishes, and I'm guessing too that he was trying to deter his social pressures as well. It did not last very long. A couple of months after the wedding she came home early to find him getting fucked in the ass. The marriage was over.

Carmen was not a man hater, nor a castrator of men. She was super feminine without being helpless or dependent. By average standards she wasn't attractive. She had an asymmetrical face: very full lips, and a prominent nose on a keen face. She wore her hair in a close-cropped 'fro.

She had tiny breasts and long legs. Her hips were wide on her tall, thin frame. She had delicate, artsy hands and sexy eyes. I believed her when she told me that no man had ever brought her to the point of orgasm before me. (There's a rumor floating around Chicago that all the hip women tell their mates this to encourage heroic efforts in bed.) At any rate, there is no loser in such a situation when self-satisfaction relies a lot on mutual satisfaction.

Carmen could go a week at a time without eating—only drinking tea and living on her "nervous energy." She described these fasts as mind stimulating. During these periods she was most likely to engage in rituals, perform some mysterious feats. I laughed at when she first told me that she could extinguish the light of a candle with her mind. One night, several of us in the apartment complex sat in a candlelit room listening to soft music and conversing with one another when she announced she was in the proper frame of mind to show us, to reveal this energy. Someone closed the windows and placed a lighted candle directly across from her. We gathered around the floor in a small circle. She closed her eyes, and when she opened them the candlelight flicked out.

The last time I heard something about Carmen, I was told that she joined the WACs (Women's Army Corps). I could not believe it at first. I couldn't believe it or figure it out. Then later, when I recalled her saying, "We're all ready to stampede," I couldn't help but wonder where fear or love would lead each of us.

AN(OTHER) EARLY MORNING MIRACLE

Sun rising, glowing east.
Full moon setting, beaming west.
What a magnificent duet you are!
Dance. Dance. Dance.
Usher life.
Shift the tide.
Parch the soaked earth.
Weave romance.
Herald the hour.
Do your dance.
Be your dance!
Demarcate the seasons.
Weave magical spells.
Beckon the dew.
Illuminate paths.
Shepherd storms.
Do your dance.
Be your dance!
You are fragrances of existence.
Eternal dance,
Dance eternal!

COOL EARLY SUNDAY MORNING

A sudden chill glides into her room. Lying close together still.
"Brrrrrr," she softly hums, slides her feet up and down my shins. Her
    amber butt cheeks simmer, sway ever so slightly,
nudge my groin.
My arms draping her shoulders, her hands covering mine
lead them to her warm breasts beneath the covers.
Wintry northern chills swat my back,
Yet I dare not turn away, lose this heaven.
Bare feet against my shins,
Butt cheeks pressing my groin.
A limb rising . . .

AFUA AND KOFI

Kofi sat naked to his waist staring out into the steamy night from the South Side Chicago apartment window. There was hardly a breeze as the steaming heat of the August afternoon lingered stubbornly. Sweat glistened on black skin, his only relief from the oppressive swelter. The sounds of drums danced around and through him, matching the beats in his chest This soft thunder of drumming along with the glowing herbs in his hands snatched away his sense of time and place. He wondered if there was any place free of time and space, then shook his head in disbelief.

He brought the smoldering offering to his lips, inhaled its burning fragrance deeply, locking it into his chest, and released the swirling vapors through his mouth and nostrils. He closed his eyes and lifted his head while his mind drifted to the banks of the Niger river:

A steady breeze drifts across the river. Her water satisfies thirsty warriors after long hunts, cleanses bodies and cloths, hosts frolicking children, and serves up plump fish for hungry mouths. One has simply to drink of it, sit still or lean back to feel its life force fuse with blood and sinew. A clear, black sky sprawls overhead, a full canopy, horizon to horizon, hosting countless shimmerings that wink at the drinker, and dreamers. There, the soul celebrates with earth and sky and becomes one with nature. It is there that warriors, farmers, artisans, musicians— children and elders alike—arise each day stronger, while the beasts of the bush and the plains meander, graze and prowl each day to meet their sturdy foes and where life tests, rewarding or condemning each to an unannounced fate.

The sound of keys clanging clumsily at the locked door snapped hi out of his reverie. The river Niger disappeared as his eyes and hands darted to the cold steel on the table. His heartbeats raced ahead of the drum beats still thumping from the streets below. The savannah along the Niger vanished, yielding itself to the jungle of South Side Chicago. Kofi, poised cobra-like, pulled back the hammer of the .38.

The sound of her voice came through the door, and he slowly uncoiled. "It's me, Kofi," she said again, and a little louder now. He walked toward the sound of her voice, uncocked the pistol, unlocked the chained door. She was carrying two large bags of groceries, one of them half propped on her knee. She smiled at him as he spotted her difficulty. They both laughed while he took one bag after the other and she, the pistol. "I thought I could just pop in the key and open the door, but I guess I need another arm," she explained as they walked inside and she secured the door behind them.

While unloading the food in the kitchen he thought of telling her then and there, but decided to wait. They agreed on a late supper and began the preparations: he whipped up and cooked the eggs, she buttered the toast and set the table for their night breakfast. As he cooked and she moved about making small talk about her classes at the university that day, he wondered how best to tell her. Kofi dreaded the day, this day that had arrived so soon. It was a certainty long before now, yet he let himself go to her fully, unable to spare himself—her too—for what was bound to come. Afua, too, knew that one day her bed, her life would be empty of him. The notion, the reality hung over them like a mighty raincloud hovering, ever threatening to burst, continually promising to strike, to unleash itself. Yet their once tentative union, at first a fragile arrangement, became something other, something hearty, more robust. It became an all-encompassing tent, much like the Niger night sky. It unfolded, opening, and became something they relied upon, living these few days and nights enclosed within it. Storms howled and raged but all was secure within it. They spent two seasons together within it—really the life span of an ant. A spring and a summer together—a planting and a harvesting cycle. Her hips brushed his thigh as they shoveled food to their plates in the kitchen.

He pressed against her, kissing her neck. They ate and left dirty dishes; neither could wait any longer. The bodies joined closely in the shower, soaking under the warm waters, their arms and legs caressing the other. Their energies poured like the waters, raining on their heads and down along their bodies. In the bed, they met, joining again. "Kofi, Kofi, Kofi," she breathed in his ear. Their bodies emulated their interfused spirits: soaring, twisting, rising, sailing and plunging in symphonies of motion. They used each other, receiving, plunging . . . reaching. A fire rose and raced, alternately generating blazes, chills, and eruptions.

Kofi's eyes surveyed the ceiling as her lips brushed his chest.

"What are you thinking about?" she asked. He lit the joint in silence and passed it to her. "I was remembering the night I met you, the night the Council sent me here to you . . . to hide. I was remembering . . . to me, you seemed so cool, someone who must be so used to taking in strangers, us 'fugitives' regularly."

"I was scared to death," Akua exclaimed. For so many days, I was expecting to hear a voice shout, 'FBI! Come out with your hands up. You're surrounded!'" She returned the embers to him, now almost a doobie, and continued to speak, "I felt proud and scared at the same time. I was doing something, you know, something direct for the movement, and for another human being too, but the danger of it all really hit me hard later on that night."

Kofi turned toward her. "It doesn't seem possible, does it? Love and war all at once . . . I never thought, it never entered . . . or occurred to me that I could find and share love in all this madness," he said.

"Kofi, I was hoping at first, in those first few days that it would be good, real good when the Council sent you a new directive, told you of a new assignment or something, but now . . . now I just want it to go on like this . . . that we'd never have to part."

"Hey," he said, pulling her close to him, "What are you doing now Akua?"

"I'm just telling you what I feel," she declared, "I'm gonna do what's right . . . what's correct when it comes down to it, but letting you go like that . . . well, it'll be in spite of my feelings . . . in spite of myself."

"I know you will," he said softly. "You know, I wish . . . I wish I could just lie in the sun with you, run through the meadows with you, laughing, holding your hand, fill you with our child . . . always be with you, but I can't . . . It can't be so now. Maybe that day will come for us, for our family, for our people. It will come. It must come."

She placed her fingers over his mouth, and said, "Until it's time for you to go, let's just live our love . . . no farewells . . . no so longs, no goodbyes." A tear rolled down her cheek. He wanted to tell her that the time had already come, that he was leaving in the morning. These were probably their last moments together, but he said nothing. Instead he kissed her tears; her arms and legs enclosed him.

He woke first and was thankful for that. She slept soundly as he cautiously rose from the bed. He grabbed his already packed bag from deep in the closet, picked up some strewn clothes, and went into the bathroom. He washed and dressed there and sat on the toilet and wrote a note:

> *I fight now, also, for the possibility of our love in times of peace. May it soon be.*
> *Kofi.*

He left the apartment, falling amid hurried morning workers, welfare lines, employment offices, liquor stores, and drug dens. The car and driver waited for him as promised. Even out now on the highway he could not relax. He reached in his bag for cigarettes and saw an envelope and his name, written in Akua's own hand. He opened it and read:

> *Kofi, Kofi, Kofi!*
> *Words are born on your lips like reluctant birds.*
> *And your touch, a fire song.*
> *Always, my heart will sing your song,*

For it is ours now.

Take care and come to me when you can.

Afua

He read her words again and again, then deliberately, slowly, folded it and returned it to the envelope. And despite the ache he felt, he heeded the beckoning drums of the Niger.

SHE JUST DOES NOT KNOW HOW . . .

She just does not know:
how beautiful she is,
how little she needs,
what an invisible treasure she owns.
She just does not know:
how short our time is,
how loved she is,
how clever she is.
She just does not know:
what a dangerous fragile love our lives are
and how blessed we are.
If she knows (or ever knew) that,
If she admits it,
says so or behaves as if it is so,
then
I know nothing at all!

OH, SENEGAL

These waves,
Roaring, then murmuring, exhaling.
Caressing sand, rocks—
all.
This hammock,
Swaying gently, slowly
absorbing my gravity, the salty mist—
all
This breeze
a light massage, rippling, flowing over, under and through—
all
A bird calls/responds
With its soft, tender tune—
to all.
Now, eyes closed as flip-flops pass, linger and pass
Kissing mother earth
fading—
to all.
Radiant drumming—
Heartbeats, that summon, announce, and bow
Brushing the ears, disappearing into the heart—
to all.
Oh, Senegal!
To be here—once, anew.
Mind-less, heart-more
Just now (and at once)
Nothing's ahead to do;

all ahead to be.
A light flickers on again
Inside
From all
To all.

INTERMISSION

THE INTERVAL (BETWEEN BREATHS)

The gap within drumbeats, between musical notes, and among flowers
   is. The space between clouds and beyond brilliant stars is.
That interval between breaths.
They too are, and in actuality
Hold all together, within.
That pause/
That opening.
That break.
Into this window, look.
Into this wait, enter.
In this silence, listen.
Yes, there too is god.
There, especially is god.
Meet there.
Embrace.
Dance.
Laugh.
Celebrate.
Love
 . . . all.
Go and be.
Be and go.
Into vastness, amid beauty
of Now/Here.

FRANK RICHARDSON:
ONE BEAUTIFUL BROTHER

You are, and will forever be
One beautiful Brother.
One Genuine person:
The real thing; true to your spirit, faithful to your calling.
One Vital man:
Without airs or pretense, your feet on solid ground.
One Caring human:
Concerned for others, disposed to help, ready to listen, and ready to act.
Our Forthright soul: owning an unforked tongue, embracing truth,
    always straightforward.
One beautiful Brother.

One Strong person:
In mind and body, bending often, breaking never.
One Funny man:
Keen for humor and delight, seldom missing a chance to laugh out loud.
One Quiet human:
Always within himself, a tower of mindful presence.
Powerful. Tough. Perceptive. Frank
One beautiful Brother!

Son, husband, father, friend, uncle, cuz, mentor and coach . . .
You are all these things,
at once, and for all
and for me and to all

you are, and will ever be
One beautiful Brother.

SOMETHING LIKE GLUE
(AN ODE TO RUTHIE)

Hammers and nails don't always work.
The noise they cause in piercing holes sometimes betrays the task.
Oftentimes a little ooze to press the rough edges will do the trick.
Perhaps in a tiny corner where hammers can't fit,
or at a delicate spot that nails would harm,
Something like glue would do just fine.

Glue is able to bond from within,
melding fragmented pieces together.
Withstanding the frost or the heat,
Abiding in rain or blistering sunshine,
Something like glue is oh so fine.

God made us all
to serve a cause and fulfill His plan;
to grow our wings by enduring His tests.
Some are made to lead the charge; others are to hoist the flag.
A precious few are to tend the weak and tiny souls.
To forge the tears and mend the breaks,
to seal the gaps from widening more.
Something like glue can be so fine.

I know a lady, gentle—strong.
She touched our lives and now moves on.
She taught us well and through example
that love is real and true caring heals.

We are truly blessed by her presence, her deeds.
We have infused her in our hearts as seeds.
We won't falter; we won't fall because she is nestled inside.
She is something like glue within our souls.

ODE TO EVA

Under your branches we nestled,

In your shade we thrived.

Branches, full and heavy, shielded us,

bore tasty fruits (for us) that nourished and quenched us;

that sprouted leaves which would trickle drops of heavenly waters onto
our bodies;

and once their time came, they too floated silently to earth,

their acids oozing into our already rich soil,

penetrating the very ground we stood upon.

Until soon enough we could pull, tug, and finally tread away, able to
roam in any direction we favored,

beyond your canopy.

And onto any path we dared.

ODE TO JACKIE MACK

All the while
We were buddies, co-creators
in the yard, on the floor, throughout the alley, at the couch.
Dolls mingling with toy soldiers.
Toy soldiers dancing with dolls.
At war, in peace, at play and at rest.
All the while and over time, together.
Through the season, season after season, as children
We grew.
Almost suddenly it seemed, and armed alternately with pens, shovels,
    poster board, or candles
You organized and rallied postal workers, teachers, legal teams, young
    mothers, and children.
You crafted public policies, arranged food deliveries, confronted bosses,
    lifted voices, negotiated truces that fostered understanding, and
    shattered frozen myths.
Exposing mean cohorts with their lies of male superiority, female
    subjugation, alabaster dominance, and ebony castigation.
All the while
Rising early, laboring late, nurturing two young lives with loving care so
    as to blossom in their own way and at their own pace.
All the while
Continually, continuously, constantly, confidently flowing to the source
    of truth; of justice; of genuineness.
You're my sister, comrade, friend, confidant, and co-conspirator.
You are forever loved, never to be replaced.

NEW STARTS

HOME, TO THE SOURCE

There, I thought it was.
Then, I felt there was no other.
I sought with so much effort
 . . . so much mad folly.
Somewhere . . . no.
Anywhere . . . no.
Nowhere . . . yes.Here!
This, this is it!
Here.
Now.
Right here. Right now.
Herenow.
This is it.

MY GRAVITY

Without chains you hold me.
Without harnesses or chains
you pull me back,
down,
into you.
I travel far, yet
I must return.
I rise, like smoke
but I must fall back to you,
into you,
with you.
Magnetic, invisible hands grasp my heart
and redirect my feet.
Atomic forces surround me, pull me,
remind me of you,
of your wake, that magical space you create,
and a presence that I must fill.
I am bound naturally
as the ocean is governed by the moon.
Ebbing or flowing to wherever it beckons.
Whether to shore or out to sea
where you are and wherever you summon from
is where I must be:
home with you.

FOLLOW THE SKY

There were no shadows cast by the two figures darting from building to building. The sun dominated the sky, hovering directly over their heads and beaming its burning rays onto their sweating skin. The encroaching sounds of gunfire invaded the stillness. Their eyes darted to and fro, around the street, toward the alleys and deserted streets.

"Let's move to that building and rest," Silvio said calmly, pointing directly ahead to a building, an imposing structure that seemed to command the street. Quickly they ran, crouching to enter its welcoming cool shade.

Raphael slumped to the cement, his knees on the surface and his back pressing against the porous wall, while Silvio moved to the edge of the building and turned his head to the streets and the adjoining alleys. "Catch your breath. We'll move soon," he said while holding his attention upon the streets and toward the sounds of gunfire. Raphael nodded and lit a cigarette. He felt his body slowly uncoil as the smoke entered his lungs.

"You fought well today, *compañero* . . . You'll make a fine soldier." Silvio spoke slowly, deliberately, his eyes fixed on something, somewhere beyond. "When we join the others, I will recommend you for the vanguard . . . There we'll share many victories." The sound of gunfire grew louder, nearer. Raphael took quick puffs, dropped the burning tobacco to the ground. The Federales seemed within close range. "Reinforcements from the *capitolio*," Silvio thought.

Clutching his M1 Garand rifle, he moved along the wall. "Time to move," he ordered.

Again, through the streets, hugging its edges, their shoulders pressing alongside the walls, they ran. Rocks, glass, and shreds of concrete crumbled beneath their boots. A row of corpses lined an alley as an abrupt announcement of yesterday's battle. The sight of the bodies shook Raphael.

He slowed to peer at each, wondering who they were, whether they were friend, family, or foe. He realized that they were neither Federales or *compañeros*. They were townspeople, farmers . . . young and old weaponless peasants. The Federales were gunning down any and all in their path. Silvio and Raphael's pace quickened now, their vigilance up another notch. Rounding the corner near the Plaza they were struck by the sight of a woman wriggling on the ground. Even Raphael could tell she was making the twisting, struggling motions that precede death. *The death dance*, he said without thought. At her side was an infant, staring, seemingly perplexed, in amazement by the woman's movement. Blood pooled underneath her peasant's dress. Her eyes rolled in her skull with a glassy blankness. They approached her, hesitating, unsure of themselves, yet without any doubt of the sudden unspoken need to alter their course. Nearer now, they could see a deep, grotesque incision, a blood-filled cavern stretching from her chest to her abdomen.

"Get the child," Raphael ordered. As Mario lifted the shrieking baby, placing its head into his chest, Silvio drilled two quick rounds into the woman's head. Raphael jerked his head and the baby away, then turned to look upon Mario's face and see a steel glare in his eyes.

The men were moving again, the infant in Raphael's arms, his rifle strapped to his shoulder. They were surprised by direct fire, several rounds whizzing by closely. Silvio reflexed instantly, wheeled into an alley with Raphael just two paces behind. The alley wound round and between apartments and office buildings. They scurried through this mysterious winding lane, turned a sharp corner and stood facing a high wall. For a few precious seconds they froze, measuring instantaneous betrayal—a dead end. Raphael, child in his arms, looked to Silvio for a sign, a command, a nod, anything. He searched for a hint, something. Then, without any more delay, he turned back and toward the sounds of the approaching Federales, their stomping boots and cursing shouts. Soon they'd turn that same corner. There was no time to correct their blunder, no time to turn back to reverse their course now, so he sprang from the wall, opening fire on the unsuspecting troops. Silvio called over his shoulder while firing his weapon, "Raphael, over the wall! Quickly! Get on . . . with the child. Move!"

Raphael hesitated. "Silvio, but with you . . . we can both make it. Hurry! With me now!"

Silvio continued to fire upon the surprised and now retreating soldiers. "Take the baby . . . Go!" Raphael turned, facing the wall. Shouldering his weapon, he started to climb. Measuring his footing as he climbed, he cried out, "We will win . . . my brother, we will win!"

Silvio answered, "Yes, carry the battle forward. To victory! Go now. Go!"

Raphael scaled the hurdle, laboring with one arm cradling the child, the other clawing, grasping for every crack and nook in the wall. He reached the top, jumped to the ground and raced toward the hills. The child was quiet now, yet clutched his shirt tightly, as if knowing . . .

Seconds later, another burst of gunfire erupted on the other side of the wall, an explosion followed by silence. Several shots then broke the quiet. Raphael froze in his steps. There was no retort from Silvio's carbine, only the soldier's fuselage. Raphael raised his head to the sky, closed his eyes, and began his trek once more. He stopped to take a breath, looked at the baby's wide eyes and resumed his ascent into the hills.

Night descended. Thousands and thousands of stars blanketed the sky. There was no moon, only the shimmering glitter as stars blinked through holes within the night curtain. Though his sides ached, he moved deliberately, the baby asleep across his shoulder, the rifle on the other. His chest burned but he sensed progress as the terrain was denser with brushes and trees, no longer barren but flushing now with telltale signs announcing a welcoming entrance into the rain forest. He continued through the darkness, now surrounded by brush and leaves striking his arms and face, rising with more confidence in each step.

He called her as he reached the hut. "Sylvia! Sylvia!"

They embraced at the doorway, their arms engulfing each other, her eyes oozing tears along her cheeks. She drew him and the awakening child securely to her bosom. He felt the tender force of her hands along his back and shoulders, their embrace a desperate ballet. He eased into a newness, a vibrating reality created simply through her touches. *This is what's real*, he began to understand, now daring to accept the revelation she unmasked. She was finally and totally present, fully alive, unharmed . . . with him. He was at once home, at last, and at one. The long days and nights apart were over. And mercifully over and done were the doubts, fears, the need to push back the claws, the invasions of dark dreamings. In just that instant, the aching times were erased, vanquished, set free to haunt other souls. Now, only their whispered prayers, their thanksgiving existed. He looked into her as he spoke, recounting the days just past. Her eyes mirrored his expressions. He spoke of fire fights, of the plaguing horrors—all the moments he held inside now tumbled forth, a cascading river. When he spoke of the child, the plight of his mother in the Plaza, of Silvio's imprint, his sacrifice, she lowered her gaze to her lap, and then to the infant's inquisitive eyes that now searched and probed her own. She softly cooed as her hair bathed the baby's skin, her lips caressing his cheeks. She found milk and fed the child. The baby slurped it down and she refilled the cup, returning it to his open mouth. She lifted her eyes—a fiery radiance—slowly to Raphael's. He cried as he relived the moment when he turned away from Silvio, seeing him for the last time. He lay on the bed next to her and the child. They wept. The baby burped and fell asleep.

"This child is now ours," she stated softly. "He is our son . . . born of our struggle for liberation. Let's call him Silvio . . . he should be known by all . . . from this day he should be called Silvio . . . he who died so that we could live on." Raphael nodded assent. "Yes, little Silvio he is . . . from this day on." Silence occupied the hut. Only the night sounds of the forest —insects and frogs—could be heard then. Raphael dozed for a moment, then suddenly rose to his elbows saying, "We must gather our things, only the essentials . . . prepare to leave. We need to be away from here by dawn, find *la columna central* as possible.

"Rest Raphael," she said. "I'll pack what we'll need. I will set the traps, then I'll join you . . . you must rest now."

He stretched his body, and from one arm he extended his fingers, caressing the baby's face and fell asleep. Sylvia placed all the food she could into a knapsack. She selected a well worn copy of Paulo Friere's *Pedagogy of the Oppressed*, the snapshot of her beside her parents and siblings, several strips of cloth and all the remaining shells into a blanket. Next, and for nearly a kilometer, she retraced steps and circled around the few trails that led to the hut to skillfully reset the traps, arming her deadly sentries. She returned to the hut, lifted the small lit candle to check the baby's body. She rinsed his body with a cup of soapy warm water, changed his soiled clothing. His once fretful sleep melted into mellowness as she cooed and cradled him; eased slowly into bed alongside Raphael and little Silvio. The stars began their slow surrender to the dim glowing in the east. She gently touched Raphael, glided her hands along his torso, and awakened him into her arms, her sweet, warm softness. They found each other upon a hastily cast blanket over the dirt floor. They dove into a deep, burning love pyre, and moved in unison with all raging fires consuming them, both conscious that this moment together could be their very last.

The damp, quickly retreating night was a true ally for the swiftly moving trio. Soon, the sun would crush their enemies with an oppressing heat, the ground emitting steam trails into the air and forming budding thunder clouds. And soon, their movement would be a more labored, challenged toiling. For now, though, all was fresh, their legs delighting in the quick pace, their lungs and brows welcoming the dawn breezes. He carried the rifle and bulk of gear. She held little Silvio, the knapsack on her shoulder, and a .45 automatic strapped to her side. They were nearly seven kilometers from the hut when they first heard the blasts. They were the grenade greetings set by Sylvia for the prowling Federales. Raphael shouted, "Justice for Silvio!" They both yelled out, "Long life to the Revolution! Long Life to the Revolution!"

Their fervor waned quickly with the realization that the distance from the pursuers was less than they desired. Still, he managed a salute, thrusting his fist into the air resolutely and sending a beaming smile toward Sylvia for her cunning welcoming devices. She nodded back with a wink while comforting the newly startled baby.

With the sun rising to own the sky, he said to her, "We must move on . . . a quicker pace now. We must not dare stop until nightfall." Sylvia responded to his accelerated pace by closing in on him from the rear. He could sense a hint of her breath on his neck as the pace was actually hers. He knew that she'd keep up, as she could even surpass the best marchers. Her steps fell just short of his, propelling him forward.

They made good distance through the thickening brush. When the sun finally bowed to the western horizon, they were at least thirty kilometers from their hut. They rested along a stream. While she fed, cleaned and re-clothed the baby, he surveyed the area and cleared a spot within the trees. They took turns sleeping. Sylvia slept the first shift. Even while either slept, they remained coiled for any intruder.

Sounds of crushed underbrush and a muffled voice from a short distance pierced the night and stirred Raphael's senses. He tapped Sylvia's boot, but she had already strained toward the approaching sounds, her pistol in hand. The movement grew nearer as they crouched at the ready. The sounds of moving brush, even the sound of voices grew more distinct. Without a word, they both grasped the child and their belongings while crawling backward, into denser vegetation and away from those approaching. Sylvia raised the pistol, and Raphael pointed the rifle toward the advancing figures. Raphael glanced over the sleeping child, relieved that he was quiet, leaving the initiative to strike first in his hands. Now, the figures were growing clearer, perhaps a dozen silhouettes approaching. A small torch led the column. He could discern that these figures were not militia. They were unarmed. Villagers, peasants fleeing the Federales, he surmised.

"Halt!" Raphael called out. The peasants jolted, then froze in their steps. They sensed they could be shot down in a hail of fire and wiped out entirely in a second. Raphael continued to speak from the dense vegetation, "You, my friends, are headed in the wrong direction." He then emerged from the trees. The peasants' apprehension faded as Raphael became clearly visible to all. In front of the group was an elderly man who waved toward Raphael. "It's you . . ." and then turned to the others: "Hey, it's one of the freedom fighters!" Then the old man's relieved face turned puzzled, a frown of wonder, with a slight taste of growing disdain. He deliberately but nonetheless cautiously approached Raphael, asking, "Why do you say we are going in the wrong direction? We're going to Guadalupe!" Raphael beckoned the band to come forward, to move in closer. He then motioned Sylvia to come out and join what was now a small circle in the jungle clearing. They learned that this group was a family from the Durango hacienda. The old man, Carlos Vargas, was the family patriarch. With him were his two sons and their wives, who were also cousins. There were five children, ranging in ages from two to seven, he surmised. The men carried machetes and the oldest child, a boy, carried a small club.

"Guadalupe is a graveyard," Sylvia said matter-of-factly. She stood beside Raphael, the baby, now fully awake, in one arm and the automatic pistol in the other. "All you will find there is ruin . . . death and the jackals from the *capitolio*. They are either killing indiscriminately or herding people into fenced compounds, outdoor prisons." Hearing Sylvia, the Vargas clan stirred nervously. All but the old man exchanged glances between one another. A wave of dread and doubt crept through the family ranks. The old man, however, did not flinch, and spoke directly to Raphael and Sylvia. "This I believed could be so." He turned his full attention to Sylvia and said, "Senora . . . we have little choice. Our fields were burnt, our cattle and horses were taken, and we were driven out from our own land. The Federales say they are doing this to protect us from the rebels who would use our food and livestock to build their resistance and destroy our government." He made the sign of the cross saying, "We are thankful just to be alive. We are poor. We can do nothing. We have no guns. We want nothing of war. We go to Guadalupe to see the Governor, to ask him and the authorities to spare our lives and our land. We want to live in peace."

"You and your family will be tortured and shot," Raphael spat out loudly as if he were speaking to someone far away. He took a step closer to the old man, draped an arm on his shoulder and spoke softly near the old man's ear. "Come with us my friend . . . come with us. We go to the hills. We'll join the others, the true warriors . . . the ones who fight to drive the corrupt Federales out and who'll build a new land, one where the land belongs to you . . . to the people, not to those blood suckers."

The old man turned to face his family. His oldest son approached his dad and pleaded, "My father, the Governor knows you well, he will remember you . . . he will not allow any of us to be mistreated. You and your grandpa served his family well and for many years, building his estate, planting and harvesting his crops." The old man gazed at the earth while his son continued to exhort, "The army will let us pass . . . we are unarmed. We are no threat to them. They have no quarrel with us, it is the rebels they hate, that they seek to destroy. If this man, Raphael, were wise, he'd join us. We all stand a better chance of safety and protection with you, my father."

Raphael raised his arms in disgust and turned toward the then retreating elder son. He was curtailed only when the younger son stepped forward to scold his big brother. Even to his father's surprise, the younger son Joaquin, siding with Raphael said defiantly, "We must not beg for mercy from thieves and murderers. Raphael is right," he went on to say. "My father, you showed me . . . you taught me to work hard and it is right to stand for up for what is ours. You taught me to never trust our herds to the jackal or the wolf. You heard what this woman said about the *capitolio*.

You know the soldiers are not to be trusted . . . they do not obey their own laws! We must run not into the arms of jackals".

The old man looked perplexed. Raphael spoke to the younger Vargas, Joachim. "You're welcome to join us. We could use a man with your heart, with your courage." Joaquin nodded in the direction of Sylvia and Raphael, but his next words betrayed that gesture saying instead, "We are a family sir . . . We are a family. I can only do what is of my father's blessings . . . only that which is with my family's agreement." The old man took a deep breath, his spine stiffening and pointing upward to the skies. He beckoned his sons to come closer and touched each's shoulder. He asked the two mothers to come to him, then he called the names of each grandchild, clearly and slowly one by one. They too drew near to form a small enclave around the elder. Now with his sons, one under each of his arms, and the mothers and children clustered together, he spoke to them all. As he spoke, each word seemed to be bolstered by the word that proceeded each word—one syllable giving life to the next—his voice growing stronger, more certain as he spoke, saying, "Each of my sons holds the seeds of truth within him. Most of my days are behind me now. Since your mother and grandmother departed this earth, I have only longed to be with her . . . to rest in peace with her. Today belongs to you, to your children. You must take what I've given you and be true to what your own heart commands you. I simply wish to return to our little plot, to sit alongside your mother's grave . . . pull the weeds away and pray that she rests in peace . . . that I may be at her side soon." He paused, cleared his throat as strong waves rose from within, and looked into the eyes of his family, graciously scanning each with a smile or a nod. He continued, "I do not know this world anymore, the hills, the plains or the *capitolio*. Neither of them are for me. I'm a simple man. I only wish to dig my hands into the earth, to feel the soil between my fingers. You are free to choose, to make your own paths. Today . . . today we start anew."

An inescapable silence fell upon the small assembly. A sobbing rose from somewhere, and silence descended once more and lingered within the midst. Then something unseen yet noticeably present began to slowly swell: all became clear, a shifting moved through the tiny gathering, and now utterances of farewell, prayers for God's speed, and infectious embraces swept through in a gust. Without spoken words, the intermingling body that was once the Vargas family began to move apart, to coalesce into a new alignment: three distinct units. Raphael and Sylvia stood amazed at the sight—an amazing incarnation: the birth of three life forms from one single cocoon. Old man Vargas turned toward his distant, now vacant farmhouse, the place of his dearest memories. The elder son, his wife, and children continued along the path they started days ago— the road to Guadalupe—and Joaquin, his wife, and three children walked ahead of Raphael and behind Sylvia with the baby.

Several days would pass before they'd meet an advance unit of commandos, the freedom fighters. This unit would embrace them within their ranks as comrades and take on a new trail that would lead them to the main columns. Unknown to Sylvia and Raphael, and most definitely to Joaquin, his wife and kids, this very scene in this small country was being played out again and again. They didn't know, for they could not see with naked eyes, that encounters like theirs were taking place in many other regions as well. Far beyond the broad streams and rugged mountains of their countryside, new forms and configurations were rising, morphing. New families coming into existence, birthed in many ways akin to that of the young Vargas'. Little did they know that deeds of sacrifice, valor and selflessness equaling or surpassing those of Silvio's were being replicated hourly, daily and worldwide. No one could count them or be certain, but thousands of Sylvias and Raphaels were stepping forth, ready and willing to take on both the obvious and the hidden dangers, all the challenges ahead. Untold numbers of little Silvios were surely to reach manhood and womanhood. Nurtured in the hearts and arms of ordinary and brave simple folk, they'd surely pick up the tools of those who would fall before them, and carry the battle forward. They could not see the heroic deeds of men and women, in lands within their own continent arising and defeating a common foe. They could not see the lands beyond their own shore and observe the rich, varied mixtures and forms of that very same struggle. They could not see it then, at that very moment, yet they dared to move. They did not know precisely. Perhaps they merely sensed it, but through their bold efforts, tiny seeds blossomed within, demanding, twisting, soaring to the heavens.

SON, RISE

You're the seed of some mighty, mighty trees.
Strong cypresses, wise banyans, resilient willows.
And this tree as well—one who owes you his very life.

It was early in spring:
Before dawn they came crashing in.
Carbine in my hand, it was a time to die!
My wife, your heavenly incubator
Took my arm, leaned into my ear saying,
"I'm carrying your son."
The door opened from inside.
The gun dropped.
Kneeling to the alien army;
chained and shoved away.
A Mighty Red Sea, deep and murky then parted.

Unable to guide your first baby steps,
or to pass batons directly to you on life's tricky, oval tracks. Nonetheless,
    nudging me from afar,
you saved me again,
Haunting; as an incessant gnaw deep within my unexplored caverns
prodding my feet onto cement jungles to help raise thousands of young
    lads.

Today, forty-two years have flown.
You are the prayers of those long gone, ancient cedars and tropical
    palms.

Answered.

And those torn waters of that Mighty Red Sea?

They're briny, yet clear, once more emerging through the winds, the
    tides and storms as One . . .

Pondering out loud together, sometimes discovering silently, often in
    wonder and in awe

Together.

Opening new pathways to existence.

Together.

Today, new roots sprout; fresh buds poke the topsoil;

all announcing another son rise—

welcoming signs of a new seed so soon to be.

So go.

Pay the debt,

though one not truly owed.

Then emerge from the pit as the Emperor you are,

Returning home as a Son Rising!

BABY IN THE MIDDLE

Her future is locked in the chest of her child.
Once,
there was freedom.
Freedom to play.
Freedom to dream of other worlds glistening.
Now, chains grip her strides.
(Not too far here or too far there)
There's a baby in the middle now.
Once,
there was unguarded laughter,
and music through the night.
A man's touch on the cheek or the thigh.
Now,
there is a gulf, wide and deep
with a baby in the middle.
Once,
there were two.
Now,
there are three, and the third becomes all . . .
Food, clothing, time . . .
a roof, a refrigerator, a bed.
Pendulums swing, the clock bangs its ticks.
There's a baby in the middle.
Once,
There were unwritten pages of promise,
a world of rays piercing the ever-present shadows.
Once,

there were days on the beach, with the humming of friends.
Times to daydream and see the dragon slayer in the bedroom mirror.
Now,
there's a schedule to make, one that spins on a new orbit.

A new countryside emerges.
A place, new but oddly familiar.
It is a field that's somewhere between
here and now.
It's a land near there and to be.
It's a place called a child in the middle.

HOW CAN I WRITE A LOVE POEM

Feeling alone and deserted,
waiting for you.
It's not possible to write you a love poem.
Pissed off, dazed and wondering.
Wondering what you're doing?
Who/what surrounds you?
Who/what commands your attention?
Who/what occupies your thoughts now?
So, with wondering, distracted and digressing
How could I write a love poem?
It is not possible at this moment.
I can write to protest.
I can write notes of regret and utter sounds of despair.
More likely a wail, a cry, most nearly, a yearning.
I am only a shell, stumbling through the motions of existence.
More definitely, a brittle façade in the eyes of the public—
Out on the bustling streets
or in the crowded elevator.
A clown with a costumed front that says, "I'm OK," or
that mutters to no one in particular, "I do function,"
or that simply declares, "I am here."
Sitting at the work station, answering the phone;
That's not a problem today.
Wearing my suit of armor is
not a problem either.
On the sidewalk: You could not possibly appear here.

Or opening the mail: your lines, your words surely would not appear
    there.
So how could I write a love poem ever?
Six weeks since I've seen you last.
Then, it was "so long my love, see you soon."
It will be ten weeks or more (or perhaps forever) before I see you once
    more or
could ever hope to see you once more . . .
beyond your portrait on my screen,
or (other than) your print on the wall, or your etchings in the folder,
    between the pages.
Simply sealed in my mind, lingering in my nostrils, soldered to my heart.
See, I can only write a love poem, sing my love song when
I may sense the vibration of your footsteps on the floor,
feel your breath on my neck.
Or when I hear the sound of your whisper in my ear,
only once
I can cherish your heart upon my chest again.

A KISS, IN THE DARK—
FIRST MOMENTS OF THE NEW YEAR

We stand underneath the black, starry night skies, an ocean apart and
    miles away from the other.
A northern chill nips the air here. A sticky Caribbean mist there.
We look upon the same glowing moon, in its full radiance; its rays
    embrace all, shadows fleeing.
This moon is a mirror into our hearts, reflecting our love and our
    prayers into the heavens and for all eternity.
A year becomes memories as a new day unfolds. It is midnight.
Suddenly, stealthily, a southerly breeze glances my brow, presses gently
    against my forehead. I close my eyes, hoping it will linger, press
    warmly.
A whisper touches my ear.
A warm moist breeze brushes my cheek, and caresses my mouth with
    sweet, sultry fire. My heart tells me and I know,
It is yours.

SHE IS ALL CUBAN

Each day she rises to the Havana sun.
She dresses for school, anxious to master the art of the computer. At the
    end of the classes she moves deliberately home to eat,
to change.
She's off again
to work.
She dances in line with the girls at the club.
She moves with elegance and grace, a smile planted on her face. Before
    she sleeps, she studies for tomorrow's test;
Only if her eyes do not betray her purpose.
If there was one single choice, a wish to live anywhere in the world, she
    says (without hesitation), "the place would be Verdado."
"What?" I ask in mock disbelief, "not France, or Italy or the US?" "No,
    Verdado," she replies.
For her it's a given:
the great Commandante himself has a home in Verdado (a Havana
    barrio).
And of all the things she could have in the world; for all the things that
    propel her feet to school
and then to work six days a week; for all the things she loves most in the
    world,
it is tranquility:
Tranquility inside, tranquility throughout the world.
She wears her mother's wedding ring upon her finger, a treasure she
    wanted to own since Papi
left to make another his home.
She looks at the ring and smiles with a twinkle, knowingly;
"I am all Cuban, *yo soy toda Cubana.*"

SEVENTEEN KILOMETERS

There are highly special instants in one's life, rare occasions certainly, but not as far removed as one would presume: that spilt second when luck and destiny dance together. Those occurrences are beyond magic. Rather, they are times when necessity and accident seem to interlock, and in such a special way that "luck" becomes indistinguishable from "fate" and the helpless witness, or as the case might be, that beneficiary or victim, can only name it by summoning good old standby clichés like "destiny" or perhaps the tried and true term "miracle" in order to remotely come close to describing that special moment.

It was a hot April afternoon in Cuba. I was traveling by road to Havana with Tito, a close, good Cuban friend I'd known for about a year. He had time to travel as he was an out-of-work merchant seaman then, and these times proved to be difficult ones to find work, especially with Cuba's strict adherence to the seniority system. He was a husband and father of two girls, he and his extended family regarded me as a member of the clan. He also spoke English well and had proven responsible and forthright. We were returning from the Oriente after nearly a weeklong visit in and around Santiago and Palma Soriano. I was driving a stretch of road in Central Cuba. We were having fun, stopping and picking up hitchhikers as we went. We picked up a Cuban man named Carlos who seemed to have been drinking. He kind of squeezed into the car as we were either dropping off or picking up someone on the highway. We had a general code for picking up only women, children, or the elderly, never men, and so Carlos was an exceptional exception: a jokester who somehow convinced us he was no bother or a threat and was headed to a town, Sanctus Spiritus, on our way just east of Havana.

As we were stopping to drop off a woman in the small town called

Sibanicú nearing Camaguey, Carlos waved in a woman, a remarkably beautiful looking woman. She appeared to be too fine to be true. I remarked to myself that she was too pretty for me to have any hopes up or for me to get to know. As she looked our way, I doubted she would give us a second thought, that she'd ever seriously consider the offer of a ride. And although she rose and walked our way, I could not imagine that she'd get in the car, even as Carlos opened the car door and she viewed us inside. It was hot; she looked beleaguered by the heat of the day. She showed no fear and little skepticism, and seemed simply ready to get out of the sun and be on her way.

She got in. I looked in the rearview mirror and scanned her face and body as she entered. She slid over the seat and sat directly behind me. It was too much for me to take in and digest in stride. I decided to be quiet, to let this one slide. I could not possibly be in her league! I as- sumed that "she must be stuck on herself," she had to be aware of her beauty, its effect on people, upon men especially. I don't remember her first words, just her smile and her natural poise and grace. She seemed relaxed and modest. There were no airs or divaness about her. I don't remember what, if anything, she held in her hands, whether she perspired or not from the heat. I do not know any of her words, other than her saying her name. She spoke in Spanish and her name, even after repeating it for me, sounded too difficult for me until she shortened it to simply "Yipsy."

I did not know it then, but we were seventeen kilometers from Yipsy's destination. She spoke in answer to Tito questions and I eagerly awaited his translations. I learned that she lived in her father's house, and that he was away. The house was undergoing repair, so she lived— but only for the moment—in another house with her mother and sister. It sounded like a fabrication, an attempt to make up for some sort of short- coming, or to divert attention away from some more complicated (or less attractive) reality. An embarrassment? I suddenly found an urge to be adventurous, to check on her willingness to play along with my own little fabrication. Suddenly I heard myself inviting her, or perhaps challenging her, to come with us to Havana. It was a far-fetched notion at first, but as soon as I spoke it, even as the words vibrated in my own ears, I felt I had nothing to lose and yet a lot to lose all balled up within the question. As Tito translated my offer to her, I locked onto her face. Her eyes widened as if astonished by my invitation. Then she laughed incredulously, looked away, then into the rearview mirror into my awaiting eyes and her voice suddenly shifted to more of a confession, a declaration. She told Tito she'd never been to Havana, that there were many problems there, and she went on and on about all the reasons why she would not go. Then she laughed as if we, or perhaps just I, indeed must be crazy enough to be dead serious.

Suddenly she called for everyone to direct their attention to a building just off to the right side of the road. I could see it was an official building of some sort, the Cuban flag waving magnificently in the front. Perhaps a clinic or office of some sort, I guessed. I learned it was an elementary school. I learned later that she was pointing rather to a house next to that school. It was the house her father had left to her after he miraculously made his way, ocean-bound on an innertube, ultimately reaching the USA. Through Tito she directed me to pull over, follow a dirt path, one with deep ruts carved by tractors and wagons after deep rains, but now hardened to furrows that clasped the tires of the car, forcing it to stay true to its meandering curves. We came upon a shack. A wood framed hut. There was either no door, or the door was opened wide and not visible. The windows were likewise open, no glass, curtains or sill to be seen either. She got out of the car, Carlos and Tito slowly trailing. I got out, stretched into the blazing sun and scanned three hundred and sixty degrees. I could now hear the voices of others, women gleefully exclaiming, "Yipsy!" (as we learned everyone affectionately called her), a dog barking, laughter all around.

She paused to rub the puppy, which rolled over on its back and took it all in. She sounded as if she were cooing and speaking to a baby as she rubbed the dog's head and belly. A little boy maybe three years old ran to her. She swooped him up, kissing his face and cooing just as she did the pup. Two older women sauntered over, beaming, hands on hips as if they were just stretching from a completed chore. Another woman came out of the house. They kissed one another on the cheeks. Yipsy turned to gesture toward Tito and Carlos. Pleasantries and smacks on the cheeks for all. Tito and Carlos excused themselves for a place to pee somewhere behind the cabin/house. One of the women directed them, waving her hands lazily toward the back. I wandered over to the reunion gathering at the front door, water bottle in hand, attempting a smile while simultaneously squinting in the sun. I was warmly greeted, kisses and hugs all around, and given a not-so-unobvious glance over by the three women. As Carlos and Tito made their way back, I retraced their steps to find an outdoor toilet. I groaned to myself in anticipation of the funk I felt my nose was about to experience. I was very much relieved to smell nothing near to the heavy, fume-like odors most often associated with outdoor toilets; the smell was lighter, much more tolerable than anyone would naturally expect.

I returned to the smell of hot coffee percolating on the wood stove, rapid-fire conversations between the guys and the women, but no Yipsy to be seen. The coffee was magnificent, a small demitasse of pure Cuban dope. I walked around the hut surveying the grounds while the high-flying Spanish conversation, filled with Carlos' intimations, prompted a call-and-response exchange among his newfound audience. I came upon an open window and there was Yipsy along with the younger women (I later learned, her cousins) standing at a bed, Yipsy gathering and folding clothes and stuffing them into a bag. She turned to smile my way while continuing her task. She seemed to ask me about the coffee; did I like it or did I have enough? I was in a *"si, si, si"* response mode, while my dumbfounded eyes observed her new, all-consuming business. Her cousin slowly nodded at me as she somehow managed to look into me with X-ray-level intensity, while displaying a cordial demeanor. Could it be, I began to think, it can't be real I wondered, can this be so, I pondered.

She's not packing and preparing to come with us, is she? She was indeed. A few moments later, Tito was behind the wheel. Carlos was serving as his copilot. Yipsy and I in the back seat, her eyes closed, a broad smile on her lips, my headphones on her ears, Sade swooning on the CD, and her head on my lap.

What I learned that hot summer day, and what became clearer, more evident as the days morphed into weeks, months, and then—amazingly so—into years is that she is so refreshingly unpretentious, very aware of below-the-surface "tell" signs, so capable of reading beyond another's desired projected image and grasping the true yet undeclared or disguised nature. I learned later that just as I, at that very moment, stumbled onto a special juncture in life, so did she. She was moving, not only in a physical sense, away from home and daring to explore well beyond some estab-lished box with all its comfort zones. Now, even comfort zones were to be questioned, challenged, subject for outright dismissal. I entered her life at that moment. I presented myself as an option. She had undergone a hurtful period, a disappointed relationship, her own personal "special period" within the Cuban government's own officially declared "Special Period" marking the days and nights of economic turmoil immediately following the implosion of the Soviet Union. She, then emerging from clouds of funk and loss, now decided upon picking herself up and drying the tears, looked ahead unafraid, open and ready for another round at life. Accidentally and fatefully I drove up at that moment; she under a shade tree beside a road, me behind the wheel of a car in a strange new land: 1,429 miles from my home and seventeen kilometers from hers.

TWO JOBS, NO PRAYERS

The end of the day for many is the start of her second shift. She puts the
    tech books and the classroom notes away.
She discards the school dress and pauses at the mirror.
Now, to dress again, to morph anew.
The hair.
The clothes.
Her eyes, her lips, all must change.
Ah, to be human in Havana.
One must own two lives to live human.
There's the sunlight drill.
It pays for your midday meals, and
perhaps (and for some very long stretches) a garment or two.
Then there's the moonlight gig.
It pays for that chair, a refrigerator, some paint, maybe a phone, some
    ropas, or just something new to share.
Without it, you're pressed.

With it, there's a chance.
Humanity is alive and well in Havana because
that's the way it is:
difficulties, of course,
hardships a must,
struggles, what else?
Blues never, and family ever.

Ah, to be human in Havana.
One can love the strange visitors,

and still despise his creations.
To stroll down the Malécon,
admire the waves, salute the sun and
sway to the drums, but
stand aside for the newcomers.
They seem to have no bounds, no walls, no limits.
Humanity is alive and well in Havana because
that's the way it is:
Difficulties, of course!
Hardships, a must.

Struggles, what else?
Blues, never.
Family, ever!

MEDITATIONS

SUDDENLY TWO TREES

Walking along the stream's path on a warm, humid, sunless spring
    afternoon,
Two trees captured my gaze;
A wandering gaze swelling from inside
becoming a fuller attention.
They brought you to mind, invoked an us-ness from my heart. These
    two trees.
Along the edge of the stream they were.
Separated by the wandering waters, each on the very precipice of its
    bank;
Yet embracing, limbs stretched toward the other, entwining
While their roots toil sovereign, free of the other.
Each mired in a common fate: a fist of wooden, fleshy arteries exposed
    above the thin earth.
Laboring over its rocky bed-home;
clawing into its rocky bed-home.
Wooden trunks reveal the toils of seasons past.
Limbs still barren from the recently departed winter months.
Yet,
Their outer branches stretch toward sunlight, and for the other,
    intermingle, alive with new buds, fresh blossoms with so much
    promise.
Promises of new fragrances to arise,
of new colors to embrace the skies,
of new seeds to fall to earth . . .

I CAME

Against, through and beyond the clouds,
the wind, electronic eyes
sharpened fangs and static laws
I came.
I came with my passion,
a wild companion inside, one who is forever
ready to leap, ever desiring to enfold you.
I came with my heart,
slippery, burning,
and red, soaked with longing . . .
yearning, pulsing in skin of living dreams
I came with my love,
deep and wide.
A love able to sweep, to hold fast, to carry forth,
Ever flowing to an endless sea.
I came for (and found) you,
an eyeful, a vision,
a touch: all at once electrical, velvet, magical, soothing. Undeniable love.
I came for (and found) you:
a sigh, a whisper.
Vapor on the lips, a balm to the ear
A searing spike to the soul.
I came for (and found) you:
a word, an uttering that sprouts into a phrase
to become a promise of a wonder-filled novel
or a song sung a cappella in the key of life.

I came to return.
I return, never to leave
you ever again,
Ever.

SIT

Relax deeply.
Observe all
in silence, eyes closed.
Thoughts pass as distant clouds, never lingering.
Sit.
Relax deeply.
Without desires, goals, ambitions, regret,
and efforts.
Sit.
Relax deeply.
Breath and pulse radiate the senses, sweep the body.
Then,
by and by,
slowly, suddenly
amazement happens.
God/you emerges,
appears from within that calm center.
One that was always there.

KNEELING

Kneeling
to the deeper callings of the heart.
Before you "do" something,
pause seek,
confide inward,
feast,
inquire,
probe,
delve, go inward, up . . .
Then rise.
Kneel, pay homage, reflect on the Divine in you/ in every Other.
Kneel, lift up the Creator, the Supreme Love, the Master/Teacher of all . . .

Kneeling—neither weakness nor evasiveness.
Rather, a welcoming,
dynamic, spirited, receptive, energized silence, a prayerful
no-mind.
No fear of time
for winter comes AND spring enters.
No mind: a mighty powering, sense of being, owning no need to project or
    to protect.

Kneel(ing):
- in the presence of wonder
- for the shedding of fear/dread,
- during dawn's glow,
- in the moon's shadow,

- to the baby's hand,
- to a servant's smile,
- as anguish throbs, as its energy rises, or eases,
- when the world comes crashing,
- as the sun rises through and above the clouds,
- when a child is birthed, rejoiced, and held high to the sun's light,
- in humbling reverence,
- while lost and alone,
- when the unexpected arrives,
- in the face of suffering
- and to the courage witnessed,
- as the family strives in unity,
- when the community rallies.

Kneel and welcome the Guest.
Kneel to the deeper callings of the Heart.

Ernest McMillan

Arrodillado

TRANSCENDIENDO LOS TURBULENTOS AÑOS 60 A TRAVÉS DE VERSOS Y RAPSODIAS

ERNEST McMILLAN

LA REUNION PUBLISHING

DALLAS, TEXAS

A esas guías invisibles e invencibles: Espíritu, Corazón, Ancestros, Ángeles, Orichás, quien a menudo murmullan leves empujones, y luego, cuando absolutamente necesario, dan fuertes sacudidas . . .

Y a mis hijos:

Angela Lanette, Ernest Ohene Kitiwa, y Dafina Toussainte, y sus respectivas jornadas en la vida. Deseando que siempre sean esa luz interna para simismos.

RECONOCIMIENTOS

El exquisito equipo de producción creativa: Anyka McMillan-Herod, "Jefe de Editoría", Chris Herod, Kijana Martin, y Danna McMillan todos y cada uno—por su constante cuidado y apoyo. Un muy agradecido saludo a Michael Tate y Jennifer Gunn quienes estuvieron allí y me ayudaron a dar un paso adelante, durante tiempos inciertos, esas tempranas, semanas aterradoras de una pandemia paralizante, y dijeron "sí, estamos contigo" extendiendo sus habilidades de perfeccionamiento, dándole gracia a las píginas finales como catalizador final.

Los traductores llenos de gracia y talento: Dr. David Banks, Frida Espinosa-Müller, Elizabeth Hernandez Fernandez, y Maribel Rubio. Ah, Maribel, realmente me entendió, capturó mi voz, gentilmente revisó todos los poemas ya traducidos y le dió los últimos toques al Español.

TABLA DE CONTENIDO

PRÓLOGO

Introducciones: Siéntase advertido e igualmente alentado a entrar:

Las expresiones escritas en éstas páginas son sólo eso, murmullos, susurros, y llantos que vinieron a mi en distintos momentos duante las últimas décadas. Las historias cortas nacieron primero: emergieron mientras pasé tiempo en la Prisión Federal de Leavenworth y cruzaron conmigo hacia otras prisiones en el estado de Texas, encerrado en bodegas de personas y calabozos de plantaciones humanas en los años 70's. En mi adolescencia y hasta mis veintitantos años de edad, no me gustaba la poesía. La consideré en ese entonces una serie de palabras atrapadas dentro de algún esquema de rima confinada, y peor aún, residentes de algún mundo sin sentido al cual no me podía relacionar ni suscribir. La vida tiene una manera de moler mi terquedad y martillar en pedazos mi arrogancia. Luego, mucho después, los poemas que comparto en las próximas páginas empezaron a eruptar y a derramarse: poco después del nacimiento del menor de mis hijos (a mediados de los años 80's) hasta el último de los poemas que se desbordaron mas recientemente: brotaron de las calles sin nombre en Cuba, Honduras, y Sud África, y que ahora descansan en éstas páginas.

Ésta colección es un conjunto de poemas salvajemente mezclados, odas e historias cortas que reflejan mis sueños, encuentros, y alegrías y tareas cotidianas mal usadas. Se las ofrezco a usted como piezas de un hombre que, al igual que usted, es testigo de una vida que se desenvuelve y se desarrolla en movimientos agonizantemente suaves, con baches, y frecuentemente, bellos bailes inexplicables. Éstas son las resonancias de alguien que (la mayoría de los días) se siente bendecido de poder notar el ir y venir de su respirar, y quien (en otros días y noches) se las arregla para quedarse quieto y regocijarce mientras el corazón le bombea y la sangre se le salpica por el cuerpo entero.

PRELUDIO

UNA COSITA

Sus cartas no necesitan ser largas,
brillantes o plenamente metidas en un sobre como si fueran un hombre
gordo.
Sus palabras no tienen que ser ornamentos o elaboradas piezas talladas
de un tesauro.
Cualquier regalo que me extienda no necesita ser envuelto en papel
colorido o envuelto dentro de una hoja costosa,
o preparado para una día de fiesta.
Es un regalo preciado que surge simplemente de {algúnlugar, y de todas
partes} de su ser.
Solo un pequeño detalle de su corazón, y nada más.

Una mirada brillante que fluye sin demora hacia mis ojos, derivándose
entre la habitación mientras nosotros nos encontramos a tientas en
dos mundos distintos.
Solo un pequeño detalle de su corazón, y nada más.

Una sonrisa sin razón o propósito, o tarjeta de puntuación.
Su mano descansando, como si en un trono, una simple caricia
persistente sobre mi muslo.
Su hombro acurrucado con el mío mientras miramos el atardecer, o
hacia las gentiles olas azures.
Solo un pequeño detalle de su corazón . . . Y nada más.

Combustión espontánea . . .
Sin filtro, desnuda.
Improvisada, silenciosa.

La mente indefensa:
sin juegos y censuras.
Solo un pequeño detalle del corazón.

ESPÍRITUS
PERTURBADOS

VAMOS ANDAR JUNTOS

Incesantemente ahondar, buscar, cavar, moverse, pedir, rasgar, alcazar,
    zambullirse, ir, preguntar, empujar, manejar . . . remontarse!
Más allá de las banderas, fronteras, íconos, símbolos, ideas, palabras,
    imágenes, rituales, cruces, crucifijos, templos, iglesias superadas,
    sinagogas, mezquitas,
Transcender idiomas, lenguas, modismos, discursos, oraciones, sermones,
    conferencias, porras, mítines, marchas,
Incesantemente ahondar, buscar, cavar, mover, rasgar, zambullirse, ir,
    preguntar, pregunta, empujar, manejar.
Incesantemente ahondar, buscar, cavar, moverse, pedir, rasgar, alcanzar,
    zambullirse, ir, preguntar, cuestionar, empujar, manejar . . . aventarse!
Más allá de las banderas, fronteras, íconos, símbolos, ideas, palabras,
    imágenes, rituales, cruces, crucifijos, templos, iglesias superadas,
    sinagogas, mezquitas,
Transcender idiomas, lenguas, modismos, discursos, oraciones, sermones,
    conferencias, porras, mítines, marchas,
Incesantemente ahondar, buscar, cavar, mover, rasgar, zambullirse, ir,
    preguntar, cuestionar, empujar, manejar.
Eternamente descubriendo; viendo, siendo testigo, viviendo la experiencia-
Por siempre bebiendo la crudeza, el impulso, la extensión, la nostalgia, la
    sed, el anhelo, el deseo,
Olvídesarse de uno mismo, dejarse caer, abandonar la ambición, dejar el
    deseo, abandonar las metas.
Sólo aspirar. Aspirar a aspirar. Aspirar solo por aspirar. dolor, anhelo,
    hambre.
AMAR. Simplemente amar. Amar simplemente. Sólo amor.
Levantarse y remontarse!

DEMONIO NOCTURNO

Ella se encontraba rodeada y apenas visible mientras el abría paso, dirigiéndose a ella a través de la multitud furiosa. La gente se agrupaba y aún así, el siguió adelante tratando de encontrar una apertura, algún espacio entre tantos codos, hombros, y brazos de esa horda llena que la encapsulaban. El tenía miedo, no sabía si gritar su nombre para que supiera que estaba ahí, buscando alcanzarla para alejarla, separarla, llevarla a un lugar seguro, a su lado. Esos cuerpos opuestos eran despiadados, un formidable enemigo; un aplastante muro de humanidad, una masa contorsionista gritando. Algunos reconocidos que algún día fueron amigables, aprobatorios, rostros sonrientes- ahora monstruos horripilantes.

Repentinamente el empieza a sentir manos jalándolo por detrás, agarrando su camisa, tomando sus hombros y llevándolo hacia atrás. El jalón fue tan forzado e inesperadamente rápido que perdió el balance y se cayó al concreto. Luego fue pateado casi por todos lados y arrastrado lejos de ella. De alguna manera siendo expulsado, fuera de alcance, y fuera de peligro. La multitud celebrando una victoria en su contra. Se volteó hacia ella una vez más. Los que anteriormente le arrastraban, finalmente dejaron de sujetarlo. De pie sobre el, se encontraba un viejo predicador sudoroso agitando los brazos y gritando, "regresen, regresen de donde vinieron." También podía escuchar otra voz que provenía del grupo, una voz solitaria y penetrate que sonaba por encima de la del predicador diciendo, "Sálvese! . . . váyase ahora, y sálvese!"

El decidió ignorar esa nueva voz, aunque se escuchaba familiar, amable, con buenas intenciones. Volteó rápidamente y se dió paso hacia el centro de la masa de gente que rondaba nuevamente. Empujó, se apalancó, y arañó sus espaldas. La multitud empezó a cederle el paso conforme se iba acercando al círculo. La gente se empezó a alejar de ella lentamente. El se paró en el centro de la apertura del gentío, solo, y la enfrentó. Estaba tirada en el suelo, con sus piernas juntas y volteadas hacia un lado, su torso apoyándose en sus codos mientras veía las caras de los monstruos, hasta que su mirada se fijó en los ojos de él. Con los labios sangrados, su ropa destrozada exponiendo los golpes y rasguños en sus brazos, cuello, hombros, y pecho.

La muchedumbre empezó a vocalizar un tarareo monótono, rodante, aumentando en volumen e intensidad. De pronto, los susurros se convirtieron en maldiciones; algunos le escupieron mientras otros se reían de él. En unísono, el murmullo se elevó a un nivel febril: "Dile", el escuchó las voces repetir. Las súplicas se alzaron a un crescendo: "Diiileee. Dileee. Dile! Dile!! Díselo! Dile. Dile. Díselo," todos rugieron.

Ella luchó por su aliento, se secó el sudor y las lágrimas de sus mejillas. Luego sus ojos divisaron a la multitud y batalló en ponerse de pie. Se movió a través del círculo cruzando sus piernas con cada paso cauteloso, enfrentando los cuerpos y formas sonoras. Atravesó el círculo entero con su mirada lentamente dirigiéndola hacia el, sus ojos entrelazados con los suyos. Sus labios se entreabrieron, luego lentamente empezó a mover su boca. Los cantos de la gente cesó, y aunque parecía que estaba pronunciando palabras, no emitía ningún sonido. La chusma se quedó en silencio y aunque su boca se movía, ninguna palabra fue enunciada ni un sonido exhalado.

Ella movió su cabeza de lado a lado en forma de protesta. Cerró sus ojos mientras lentamente meneaba su cabeza como diciendo "no, no, no," pero las palabras jamás salieron.

Movió sus manos levemente hacia su cabeza, sus dedos se entreabrieron y apretaron su rostro como tratando de impedir el movimiento brusco de su cabeza.

La multitud empezó a susurrar en unísono . . . "Dile . . . Dile . . . Dile . . .

El caminó hacia ella, gentilmente colocando sus dos manos encima de las suyas y moviéndolas de su cabeza y su cara hacia su costado. La abrazó. Se veía apunto de desmayar y a la vez determinada a pararse por si sola.

El buscó en sus ojos mientras ella colocó dos de sus dedos a los labios de él.

"No . . . no digas nada," ella le susurró . . . "Escúchame ahora . . . solo . . . solo escúchame . . ." Tiró su cabeza hacia atrás y regresó sus ojos a los de ella.

"Se ha terminado . . . ya no hay nada para ti aquí. Querrás que sigamos juntos, que permanezcamos unidos, pero esto tiene que terminar . . . ya ha terminado."

El se echó a correr y le faltó el aire. La luz se escurría por la única ventana cerca de una pequeña esquina. El sol se asomaba con sus estrechos matutinos. El deslizó sus manos por encima de las sábanas húmedas, su pecho y brazos sudorosos. No había golpes. Ni moretones. Ni sangre. Su corazón latia fuerte y el sudor de su piel rodaba hacia sus dedos. El quebranto repentino del sueño no la había despertado a ella. Se recostó de nuevo en la almohada y se escuchó a sí mismo decir "Dios, santo Dios" entre respiraciones que le costaban trabajo.

Se volteó hacia ella. Se encontraba de lado, sus piernas acurrucadas en su mismo pecho. Suavemente presionó su cuerpo hacia cada centímetro de ella, la cobijó con su brazo, y colocó el otro debajo de su cuello. Ella soltó un suave suspiro y movió los labios para descansarlos en el brazo de él. El cerró sus ojos una vez más y dio gracias en silencio por ese sueño, por esos demonios. "La vida aún es vida," pensó a sí mismo "como es posible . . . porque es que la vida en veces es tan frágil, y a la vez se le da tanta confianza, tanto dolor y tanto placer . . . tan maravillosa y a la vez tanta rutina?" Se preguntó. Sintió que el sueño regresaba, acurrucó la cabeza sobre la almohada. Con un danzante misterio, recorriendo por su corazón, y una oración por otra oportunidad de vida pulsando por sus arterias. Suplicó que los momentos y los días por venir fueran una encubadora de ramitas internas, esforzándose hasta llegar a ser poderosas.

MIENTRAS DUERMES

Este hombre se pregunta:
¿Qué sueños saturan tu cuerpo en reposo?

Este hombre se pregunta:
¿Qué pensamientos suaves y ligeras brisas yacen debajo de tus párpados?

Sin duda Edén existe,
ya que no frunce el ceño, ni cejas temblorosas trazan su corona.
El paraíso seguramente envuelve tu siesta
como ninguna mañana teme, las preocupaciones de ayer, ni los
    recuerdos pesados se atreven a entrar.

En este momento:
Una motocicleta vibra cerca.
El humo ligero se eleva en el aire,
pastoreando tus fosas nasales.
Un gallo canta.
Un camión pasa rugiendo
al igual que los susurros de una pareja se intercambian.
Un cachorro ladra, una sombra
se asoma a la ventana. En este momento:
Una campana de iglesia entona desde la colina distante.
Un pájaro chirría.
Un bebé atestigua en un idioma que solo "mamí" conoce.

Sin embargo, tú,
tu corazón,

tus brazos,
tu aliento-
todo-
se extiende desde tu sueño,
desplegándose, sumergiendo a la totalidad y a mí
dentro de un tierno abrazo;
su tierno tejido.
Yo estoy, no, todo está
entrelazado, cautivo;
inmerso, hechizado.

Hasta que te levantes de nuevo.
Completamente presente.
Totalmente devuelta
Con ese brillo exuberante
como una nueva novia . . .
mi amor eterno.

CUANDO TE VEO

Ningún instrumento, ninguna sinfonía puede tocar la música de pulsante
    de mi corazón cuando te veo.
Cuando emerge tu sonrisa, ningunas palabras, ningunas rimas
puede traducir el lenguaje dentro de mi alma que tu resplandor
    enciende.
Entonces, cuando te veo,
no busques palabras que te demuestre este amor.
No busques ninguna baratija de oro, de plata o de seda dentro de mis
    palmas que puedo ofrecerte;
para imitar o dar medida al preciado tesoro que eres para mi.
    Simlemente mira en mis ojos,
toca mi pecho,
toma mis manos, mira mis pies de orillas distantes;
roza mis labios levemente
para comenzar a atestiguar miradas, reflexiones,
sensaciones vibrantes, habitando muy dentro
y con la certeza de una profunda mirada, abatiendo rios que te llevan al
    éxtasis.

AMOR EN MEDIO
LA GUERRA

UNA TARDE, SIMPLEMENTE TÚ Y YO

Era casi mí última noche en Camagüey, una tarde caliente de mayo.
Nos sentamos en a la orilla de la banqueta delante de nuestro departamento.
Simplemente tú y yo.
La banda musical del barrio había pasado; regalándonos espirituosas
    melodías de sus tambores en sus preparaciones finales para el
    carnaval.
Nos sentamos, bebiendo ron y hablando todo la noche.
Tal vez un perro pasó y tu le pudiste haber llamado para acariciarle la
    cabeza.
Un vecino pasaría y le diríamos hola.
Más que nada, esa noche fue lo más cercano que te sentí contigo como tú
    compartías cuentos de tu vida, de tu crianza, hasta llegar a ser la Yoli
    que eres ahora:
De cuando tenías doce años de edad y cargabas a Yomani en tu espalda
    para ir a pedir ayuda cuando estaba enfermo.
De tu vida antes y después de que tu papá partiera hacia los Estados
    Unidos. De la diversión y de las peleas con Nelly y Yari.
De sentir orgullo y dolor,
de los dias en las playas de Santa Cruz, y de las noches compartiendo una
    cama con la familia,
y de enfrentarse a un esposo molesto y gritando en las calles públicas . . .
Recuerdo esa noche.
Simplemente tú y yo.
Y tú, la recuerdas?
Me volví a enamorar de ti nuevamente esa tarde . . .

TRANSPLANTE DE GUANTÁNAMO

Con sus brazos extendidos al viento,
ella se mueve.
Sus ojos cerrados, una sonrisa se desenvuelve desde algún lugar muy
   dentro de si.
Mueve su cabeza de lado a lado.
Sus caderas, rodando en concierto con olas de la marea Caribeña.
Su mundo en éste momento
es el cielo que muy pocos podran conocer, pero muchos desean profesar.
El sol.
La música.
El ardor de la alegría interna. El sol.
La música.
El pulso de un tambor Africano dentro.
El sol, calor volcánico.
La música, fluyendo jugos Cubanos por dentro.
Es una noche fresca en mi cama.
Me pierdo a mi mismo en su
mundo,
Sus sueños,
Su cuerpo.

FLOR SILVESTRE

Permite que la lluvia caiga sobre su cabeza.
Ella es una flor libre y gentil que crece salvaje
—Wayne Shorter/New Birth

Yo era nuevo en ese vecindario, acababa de llegar del sur del país y esto era el sur de Chicago, el pais de la pandillas. Los Discípulos, Ella se encontraba parada en el patio de los departamentos, platicando con varias personas en grupo. Yo había llegado ahí como de tropiezo; Salí de mi departamento en el tercer piso para tomar aire fresco después de pasar horas esa tarde pintando las paredes vacias. Estuve ahí, desapercibido, como a diez metros de ellos. Ella llevaba pantalones de mezclilla deslavados y rotos, convertidos en pantalones cortos, y una blusa Banlon dorada. Sus pequeños cenos temblaban contra el material delgado de su blusa. La blusa sin mangas le daban enfoque a sus delgados y morenos brazos. Sus manos hacían gestos mientras hablaba, telegrafiando cada punto de su conversación a quien la escuchara. Ahí estuve parado al borde de los escalones . . . debatiendo si debía unirme a su grupo o no. Aunque jamás la había visto antes, sabía que ella tenia que ser Carmen Vernardo.

Meses antes de haberla visto, había escuchado hablar de ella. Todo mundo en los departamentos parecía conocerla, admirarla de cierta manera. Durante mi corta estancia, no pasó una semana sin que alguien se refiriera a ella, nombrándola en pláticas. Durante mis primeras semanas de vivir en ese lugar, ella se encontraba en Cuba cortando caña y "presenciando la práctica del socialismo". Yo con más curiosidad que nunca. A menudo escuchaba a alguien preguntar si había noticias de ella, si habían escuchado algo. No fué hasta que escuché una voz gritar "Carmen ha regresado!" que me encontré parado ahi, viéndola por primera vez. Estaba tan nervioso que decidí no presentármele en ese momento, no en ese estado. Un balón rodó hacia mis pies y lo levanté. Algunos niños corrieron hacia mí, pidiéndome que se las regresara. Bacilando con ellos, boté el balón un par de veces, haciéndolos que me persiguieran, gritando y riendo hacia el parque detrás de los departamentos.

Sería inútil tartar de clasificar a Carmen, ella no tiene ni tipo ni clase. Los departamentos en si, eran el centro amplio de almas diversas. Carmen era el alma mas rica y peculiar. Me tomó poco tiempo en descubrir que en éste pequeño mundo de la calle 62 y Ellis, ella era reconocida como poeta laureada, consejera espiritual, ideóloga, y bruja. Dentro del grupo de departamentos, había grupos regulares que se juntaban—un surtido de estudiantes, trabajadores, y lumpen marginados. Ahí estaba Jorge, un ex convicto que se había convertido en decano del Colegio Central; Silva, el vendedor de mota, Carolina, la trabajadora social educada por Saul Alinsky; Sol, la joven trabajadora, siempre batallando en el sube y baja de despedidas de trabajos y nuevos empleos; "Dan el Bonito", el estafador; Karen la divorciada, con su maestría, tarjeta de welfare y su joven hijo histérico; Les, el músico drogadicto; Ricardo, el maestro de preparatoria; Anita, la mesera trabajadora ahorrando para irse a África; Roberto, el que trabajaba en la planta de acero; Bárbara, la enfermera de medio tiempo, mecánica de motores aviáticos de medio tiempo, y Georgia, la camarada de las Panteras Negras. Jorge era el "anciano" del grupo, no simplemente por sus clásicos 74 años de edad, pero por su impulso y mundanería. Aparte de Jorge, Carmen era la que más poseía un magnetismo omnipresente en esas viviendas.

Finalmente pude concerla esa noche en el departamento de Carolina, en lo que terminó en fiesta. Empezó con una visita casual sin anunciar, las cosas sucedieron así de la nada, y una dozena de los vecinos se juntaron para darle la bienvenida a Carmen. Yo me encontraba muy animado especialmente por su presencia. La estudié mientras ella describía Cuba y sus experiencias en la isla. Tenía unos manerismos al hablar que era fácil escucharla, ponerle atención. Era como una llamada seguida por cierta energía, como si fuera respuesta. El grupo entero participó en sus nuevas y extrañas experiencias. Nos movió de una atmósfera casi en comunión espiritual a debates ardientes, y de plática leve a palabras que hacían temblar la tierra. Sospeché que sin su presencia, nada sería tan exquisito.

Mucho después me di cuenta que solo varias personas pertenecían en el lugar. Karen se despidió despues de prometerle a un tipo que le daría algo si la encaminaba a su casa. Carolina y Jorge se fueron a la recámara dejándome solo con Carmen. Ella se quedó y seguimos platicando . . .

La luz de la mañana nos encontró juntos aún habiéndonos mudado a la mesa de la cocina, embriagados de té caliente. Fué un maratón, un seminario que sería capaz de derribar barreras y dejar las almas desnudas. Durante esa noche y hasta la mañana siguiente aprendí la diferencia entre hablarle a una persona y hablar con una persona.

Carmen requería intimidad en su vida—y yo me sentía como un pez en el anzuelo. Y aunque era casi una necesidad desesperante, eso mismo era su fortaleza, una fuerza esencial. Yo maravillado, preguntándome cómo se exhaustaba de la misma manera que lo hace un meteorito o el fuego en una pradera. Nos acostamos juntos esa mañana temprana y recorrimos el parque por la noche.

Carmen había pasado su niñez en Gary, Indiana, un pueblo de acero justo al sur de Chicago. Era la mayor de cinco, tenía tres hermanos y una hermana. A la edad de once, una noche descubrió que su madre era una lesbiana. Y por varios años después, huía y gritaba dentro de sí misma. Se convirtió en una persona introvertida en sus años principales, pasándo su tiempo en soledad con libros, microscopios y todo tipo de colecciones. Desmontaba relojes y moléculas y luego los reensamblaba mientras sus compañeros conseguían parejas y jugaban a ser populares. Su soledad era su refugio. Debió haber parecido aburrida a las porristas y a los futbolistas, y aún asi, su universo interno brillaba con asombro. Su espíritu no podía evitar emerger, destruir la superficie, era demasiado poderoso para mantenerse atrapada.

Se convirtió en una persona sensible, una mujer liberada, una criatura del barrio, una persona inventiva- iconoclasta, una amante desinteresada, y una excelente amiga. Carmen vivió sus convicciones, su fé. Era una inconsistencia maravillosa: una mujer socialista que acaparaba privacidad; la que protestaba ante las injusticias y se negaba a tomar parte en prejuicios. Creía en todo mundo y odiaba las leyes y las reglas en contra de los demás. Le encantaba bailar, sacaba un pasito en cualquier momento o lugar, pero evitaba los salones y pistas de baile. Detestaba jugar a los roles: sentía que los maestros también deberían ser estudiantes de la vida; que los padres fueran menos rígidos y jugaran a las canicas o la rayuela con sus hijos.

Un día me confesó que el concepto de la masculinidad y de los roles definidos para los hombres estaba mal formado. Los tipos fuertes y callados, por ejemplo, eran más frágiles. Para Carmen, todo mundo era después de todo, una persona; no existían dioses o héroes impresionantes. Un amigo que viajó a Cuba con ella, platicó que un día se le acercó a Fidel, quien estaba visitando la Brigada América Venceremos, le palmó la barriga y le dijo que se estaba poniendo gordo. Los turistas Americanos al igual que los guardaespaldas Cubanos y todos sus seguidores se pusieron nerviosos, pero Fidel y Carmen solo se carcajearon.

Los trenes elevados de Chicago corren demasiado cerca algunos de los departamentos en el sur de Chicago. Hacen mucho ruido y causan temblores y vibraciones en los edificios cada vez que pasan. De alguna manera u otra, la gente se acostumbra y aprende a ignorarlos. Una tarde, Carmen y yo encaminamos a una amiga que recién había salido del hospital con su bebé. Su amiga vivía en uno de esos departamentos en los que casi puedes tocar el tren al pasar con solo sacar la mano por la ventana. Repentinamente, pasó el tren rugiendo fuertemente y la bebé se despertó asustada llorando y gritando. El ruido invadió mi cráneo como una migraña. La nena lloraba y temblaba por largos minutos interminables. Temíamos por la criatura que parecía ser torturada casi al punto de convulsiones. Con piedad, por fin el tren pasó, el ruido disminuyó, y la bebé se calmó. Al irnos, le dije a la nueva madre y a Carmen que la nena pronto se acostumbraría. Carmen explotó de rabia y me dijo, "a estas cosas uno nunca se acostumbra, nunca!" "En algún lugar", continuó, "en cada uno de nosotros existe una mente que tiembla. Puede que esté enterrada muy honda y tal vez podamos caminar como zombies, pero por dentro nuestras mentes gritan. Todos estamos listos para una estampida".

Yo conocí a Carmen en una etapa crítica en su vida, después de un desastre marital. Era legalmente casada, al haber ignorado las cortes para consumar su divorcio como lo manda la ley. Su supuesto esposo era un predicador Bautista recién ordenado, un homosexual reformado, según el. Estoy seguro que aceptó casarse para quitarse de encima las presiones sociales, para satisfacer los deseos de su madre, y tal vez también porque él intentaba salir de sus propias presiones sociales. El matrimonio se derrumbó en muy corto tiempo. Un par de meses después de la boda, llegó a casa temprano y encontró a un hombre cogiéndose a su marido. Ese fué el fin del matrimono.

Carmen no odiaba a los hombres. Era muy femenina sin parecer dependiente e indefensa. No era muy atractiva, tenía un rostro asimétrico; labios grandes y una nariz grande en un rostro pequeño. Usaba el cabello corto con un afro.

Tenía los cenos pequeños y piernas largas. Sus caderas eran anchas en su alto y delgado torso. Sus manos eran delicadas y artesanas y unos ojos muy sensuales. Le creí cuando me dijo que ningún hombre jamás la había llevado al punto del orgasmo antes de mi. (Hay por ahí un rumor que recorre la ciudad de Chicago que las mujeres le dicen eso a todos los hombres para alentar esfuerzos heróicos en la cama). De cualquier modo, nadie pierde cuando la autosatisfacción depende en la satisfacción mutua.

Carmen podía pasar una semana entera sin comer—solo bebía té— vivía de su energía "nerviosa". Juraba que esos ayunos le estimulaban la mente. Durante esos tiempos, era más probable que tuviera ciertos rituales, realizando algunas hazañas misteriosas. Me reí la primera vez que me dijo que podía extinguir la luz de una vela solo con su mente. Una noche, varias personas en la vivienda nos sentamos en un cuarto alumbrado solo con velas, escuchando música suave y conversando unos con otros cuando anunció que su mente estaba en el estado perfecto para mostrarlo, y revelar esa energía. Alguien cerró las ventanas y colocó una vela encendida directamente en frente de ella. Nos acercamos a ella en un círculo en el piso. Ella cerró los ojos, y cuando los abrió de nuevo las luces parpadearon.

La última vez que escuché de Carmen, alguien me dijo que se había inscrito en el cuerpo de ejército femenil. Al principió no lo pude creer. No me cabía en la cabeza. Luego la imaginé diciendo "Todos estamos listos para una estampida", no podía dejar de preguntarme a mí mismo a dónde nos lleva el amor o el miedo.

UN (OTRO) MILAGRO TEMPRANO EN LA MAÑANA

Se asoma el sol, brillando hacia el este.
La luna llena puesta, radiante hacia el oeste.
¡Qué dúo tan magnífico son!
Baile. Baile. Baile.

La vida da paso.
Cambia la marea.
Seca la tierra empapada.
Teje un romance.
Anuncia la hora.
Baila tu baile
¡Sé tu baile!

Marca las estaciones.
Teje hechizos mágicos.
Señala el rocío.
Ilumina los caminos.
Esquiva las tormentas
Baila tu baile
¡Sé tu baile!

Eres fragancias de la existencia.
Baile eterno
¡Eternamente baila!

UN DOMINGO FRESCO POR LA MAÑANA

Un escalofrío repentino se desliza en su recámara. Acostados juntos aún.
"Brrrr", ella susurra suavemente, deslizando sus pies hacia arriba y
    abajo de mis espinillas.
Sus nalgas color ambar se calientan; balanceándoce ligeramente,
    empujándose hacia mi ingle.
Mis brazos cubriéndole los hombros, sus manos cubriendo las mías,
llevándolas hacia sus tibios cenos debajo de las cobijas.
El frío del viento norteno me golpea la espalda,
Y aún así, no me atrevo a dar vuelta, y perder éste pedazo de cielo.
Pies descalzos en contra de mis espinillas;
Nalgas presionando mi ingle.
El miembro se levanta . . .

AFUA Y KOFI

Kofi se encontraba desnudo hasta la cintura mirando la noche de vapor hacia afuera desde la ventana de su departamento en el sur de Chicago. Había una brisa muy ligera mientras el calor sofocante de esa tarde de Agosto persistía obstinadamente. El sudor, su único alivio de sofoco opresivo, le brillaba en su negra piel. Los sonidos de tambores bailaban a su alrededor y de reí de el, coincidiendo con los latidos en su pecho. Ese suave trueno del tamboreo mezclado con las hierbas encendidas en sus manos en forma de cigarrillo, le arrebataron el sentido del tiempo y del lugar donde se encontraba. Se preguntó si existiría algún lugar que no fuera afectado por el tiempo y el espacio y movió su cabeza con incredulidad.

Llevó el cigarrillo hacia sus labios, inhalando hondo su fragancia ardiente, encerrándola en sus pulmones y liberando los arremolinados por su boca y nariz. Cerró los ojos y elevó su cabeza mientras su mente se derivaba hacia las orillas del Río Níger:

Una brisa constante surgía a la deriva a través del Río. Sus aguas satisfacían la sed de los guerreros después de largos días de caza, limpiando sus cuerpos y su ropaje. Los hijos de los anfitriones del pueblo retozando, sirviendo pescados gordos a bocas hambrientas. Uno simplemente debe beber de el río, quedarse sentado quietamente o recargarse para sentir el fusil de fuerza de vida con sangre y poder. Un cielo negro y claro se extendía por encima, un dosel lleno, de horizonte a horizonte, hospedando innumerables y brillantes guiños para el bebedor y para los soñadores. Allí, el alma celebra la tierra y el cielo, donde uno se vuelve uno mismo con la naturaleza. Es allí donde los guerreros, los granjeros, los artesanos, los músicos – niños y ancianos por igual – se levantan cada día mas fuertes aún, mientras las bestias del monte y la llanura se pasean, comen pasto y merodean cada día para así encontrarse con sus enemigos, y donde la vida las pone a prueba; recompensando o condenando, cada uno a su propio destino inesperado.

El sonido de llaves intentando torpemente abrir la puerta terminó con su fantasía. El Río Níger desapareció mientras sus ojos se ajustaban y sus manos se apresuraban a tomar el revólver frío sobre la mesa. Sus latidos del corazón se apresuraban más allá de los tambores aún sonando por las calles de abajo. El prado a lo largo del Níger se desvanecía rindiéndose en la jungla del sur de Chicago. Kofi, tan listo como una cobra, preparó el cañón de la .38.

El sonido de la voz de ella lentamente viajó por la entrada: "soy yo, Kofi." Lo repitió varias veces, cada vez más fuerte. El se acercó al sonido de su voz, bajó la pistola, retiró la cadena y el pasador de la puerta. Ella llevaba dos bolsas grandes de comida, una de ellas sujetada con su re....... Ella le sonrió mientras el veía su dificultad con las bolsas. Los dos se rieron y el tomó una de las bolsas y después la segunda, y ella tomó el revólver. "Pensé que podría abrir con la llave y entrar, pero tal vez siempre necesité el otro brazo," le explicó mientras entraban y cerró la puerta con llave detrás de ella.

Mientras desembolsaban la comida en la cocina, el pensó en decírselo todo ahí en ese momento pero decidió esperar. Acordaron en preparar la cenar tarde esa noche. Ella batió los huevos, le untó mantequilla al pan tostado, y puso la mesa para el desayuno nocturno. Mientras el cocinaba el resto, ella merodeaba por la cocina charlando acerca de sus clases universitarias de ese día. El se preguntaba como confesarle. Kofi tenía pavor al momento que llegara el día en que tenía que decírselo, y ese día había llegado demasiado rápido. Era una certeza que sucedería y el lo sabía desde mucho antes, pero se dejó llevar hacia ella por completo, incapaz de perdonarse a sí mismo – ni a ella – por lo que vendría. Afua también sabía que algún día su cama y su vida estarían vacías de él. La noción, la realidad estaba ahí sobre ellos como una enorme nube tormentosa flotando, siempre amenazando en romperse, continuamente prometiendo desenlazarse y golpear con un aguacero. Aún así la unión una vez tentativa entre ambos, al comienzo un arreglo fácil, llegó a ser algo más, algo con corazón, abundante, más robusto. Se convirtió en un albergue que lo abarcó todo, casi como el cielo de noche del Níger. Se desdobló, abriéndose hasta llegar a ser algo con lo que ellos contaban; viviendo esos cuantos días y noches encerrados. Las tormentas aullaban y rabiaban pero adentro todo estaba seguro. Ambos pasaron dos temporadas juntos dentro del departamento—la vida entera de una hormiga. Una primavera y un verano juntos - un ciclo entero para sembrar y cosechar. Las caderas de ella le rozaron los muslos mientras cuchareaban comida entre platos en la cocina. El se presionó contra ella, besándole el cuello. Cenaron y dejaron los platos sucios en el fregadero, ninguno podía esperar más. Sus cuerpos se juntaron en la ducha, ambos empapados de aguas tibias, sus brazos y piernas entrelazadas y acariciándose. Sus energías fluían al igual que el agua, lloviendo sobre sus cabezas y cayendo por sus cuerpos. En la cama se encontraron, juntándose nuevamente. "Kofi, Kofi, Kofi," ella le susurró al oído. Sus cuerpos emularon sus espíritus interferidos; elevándose, torciéndose, levantándose, navegan- do, zambulléndose . . . alcanzando. Un fuego se elevó, alterándose, generando llamaradas, escalfríos, erupciones.

Los ojos de Kofi observaron el techo cautelosamente mientras sus labios le rozaban el pecho.

"¿En que piensas?" Ella le preguntó. Encendió el cigarrillo de hierba en silencio y se lo ofreció a ella. "Estaba recordando la noche en que te conocí, la noche en la que el Consejo me envió aquí, a ti . . . para esconderme. Estaba recordando . . . que a mí, tú me parecías tan genial, alguien quien tal vez estaba acostumbrada a hacerse cargo de extraños regularmente, de nosotros los "prófugos."

"Me moría de miedo," Afua exclamó. Por muchos días esperaba escuchar voces gritando 'FBI! Salga con sus manos en alto. Está rodeada!' En cualquier momento." Le regresó el cigarrillo, ya casi terminado, y continuó diciendo "me sentí muy orgullosa de mí misma pero también tenía miedo. Estaba apunto de hacer algo, sabes, algo que ayudaría la causa directamente, algo por otro ser humano también, pero el peligro de todo no lo sentí hasta más tarde esa misma noche."

Kofi se volteó hacia ella. "No parece posible, o si? Que existan el amor y la guerra al mismo tiempo . . . nunca me lo hubiera imaginado, nunca me entró en la cabeza . . . o habérseme ocurrido que podría encontrar y compartir un amor en medio de toda esta locura," le contestó.

"Kofi, yo al principio esperé, en esos primeros días en que todo estuviera bien, demasiado bien, cuando el Consejo te mandara una nueva directiva, una nueva tarea, o lo que sea, pero ahora . . . ahora solo quiero que las cosas sigan igual . . . que nunca tengas que partir."

"Hey," le dijo, acercándosela a él, "que estás haciendo Afua?"

"Solo te estoy diciendo lo que siento," le declaró . . . voy a hacer lo correcto . . . lo que tengo que hacer, lo correcto, a fin de cuentas, pero dejarte ir así . . . bueno, será a pesar de lo que ahora siento por ti . . . a pesar de mi."

"Yo se que lo harás," le contesto suavemente. "Tú sabes, me gustaría . . . me gustaría poder simplemente acostarme al sol contigo, correr por la pradera juntos, riéndonos, tomarte de la mano, llenarte el vientre con un hijo nuestro . . . y siempre estar a tu lado, pero no puedo . . . no puede ser así ahora. Tal vez ese día llegue, con una familia nuestra. Vendrá. Debe venir."

Ella puso sus dedos sobre los labios de él diciéndole, "hasta que sea tiempo de que tengas que marcharte, solo vivamos nuestro amor . . . sin despedidas . . . sin adiós, sin hasta luegos." Una lagrima le rodó por la mejilla. El quería decirle que ese momento había llegado, que se marcharía en la mañana. Probablemente esos serían sus últimos momentos juntos, pero no mencionó una sola palabra.

En vez, le besó las lágrimas; sus brazos y piernas lo abrazaban.

El se despertó primero y dió gracias que así fue. Ella dormía profundamente cuando salió de la cama. Tomó su maleta que había escondido dentro del armario, levantó algunas ropas esparcidas por la recámara, y entró al baño. Se aseó y se vistió ahí mismo y se sentó en el inodoro para escribirle una nota:

Lucho ahora, también por la posibilidad de nuestro amor, en tiempos de paz. Que suceda pronto. Kofi.

Dejó el departamento caminando por la muchedumbre de trabajadores, filas de asistencia pública, y de oficinas de empleos hasta casas de drogas. El coche lo esperaba tal y como se le había prometido. Aún en la autopista no podía calmarse. Buscó cigarros en su maleta y notó un sobre con su nombre escrito en el con el puño y letra de Afua. Lo abrió y leyó:

Kofi, Kofi, Kofi!

Las palabras nacen de tus labios como pájaros cautelosos. Y el roce de tu piel, una canción ardiente.

Siempre, mi corazón cantará tu canción. Porque ahora es nuestra.

Cuídate y regresa a mí en cuanto te sea posible.

Afua

El leyó sus palabras una y otra vez, luego deliberadamente, dobló la nota y la regresó al sobre con cuidado. Y a pesar del dolor que sintió, le hacían falta los sonidos de tambores que venían desde Níger.

ELLA SIMPLEMENTE NO SABE CÓMO . . .

Ella simplemente no sabe:
lo linda que es,
que tan poco necesita,
qué tesoro invisible ella posé.
Ella simplemente no sabe:
que tan corto es nuestro tiempo,
que tan amada ella es,
que tan lista ella es.
Ella simplemente no sabe:
que tan peligrósamente frágiles nuestras vidas son
y que tan bendecidos somos.
Si ella lo sabe (o siempre lo supo),
Si ella lo admite, lo dice o se comporta de tal manera como si lo supiera,
Entonces
¡Yo no sé absolutamente nada!

OH, SENEGAL

Éstas olas
Rugiendo, luego murmurando, exhalando.
Acariciando la arena, las rocas-
Todo

Ésta hamaca.
Balanceándose suavemente, lento
Absorbiendo mi gravedad, el rocío salado-
Todo

Ésta brisa
Un masaje leve, formando olas; fluyendo por encima, por debajo, y
    mediante-
Todo

Un pájaro llama/responde
Con su suave, tierna melodía-
A todos

Ahora, con los ojos cerrados mientras pasan las chancletas, se quedan y
    pasan
Besando a la madre tierra
Desvaneciendo-
A todos

Tamboreo radiante
Latidos del corazón, que convocan, anuncian reverenciando

Rozando los oídos, desapareciendo hacia el corazón-
A todos

Oh Senegal!
El estar aquí – una vez, más
Sin-mente, con más-corazón justo ahora (y de una vez)
Sin nada que hacer;
Por ser, todo por delante.
Una luz parpadea nuevamente
Adentro
De todos
Para todos

DESCANSO

EL MEDIO (ENTRE RESPIRACIONES)

La brecha entre golpes de tambor, notas musicales y entre flores es.
El espacio entre las nubes y más allá de las estrellas brillantes es.
Ese medio entre respiraciones.
Ellos también,
Manténganse todos juntos, dentro.
Esa pausa,
Esa apertura,
Ese descanso.
En esta ventana, mira.
En esta espera, ingresa.
En este silencio, escucha.
Sí, allí también está Dios
Allí, especialmente Dios
Encuéntrense allá.
Abrácense.
Bailen.
Rían.
Celebran.
Amen
  . . . a todos.
Vayan y sean
Sean y vayan.
En la inmensidad, en medio de la belleza
de el Aquí y el Ahora.

FRANK RICHARDSON:
UN BELLO HERMANO

Eres, y por siempre serás
Un bello Hermano.
Una persona verdaderamente genuina:
Un ser verdadero; fiel a tu espíritu y a tu llamado.
Un hombre vital:
Sin aires de pretención, tus pies bien plantados sobre la tierra
Un ser cariñoso:
Que se preocupa por los demás, dispuesto a ayudar, listo para escuchar,
    y preparado para tomar acción.
Nuestra alma franca: sin pelos en la lengua, siempre siguiendo la verdad,
    directo y sencillo.
Un hermano verdaderamente bello.

Una persona fuerte:
En cuerpo y alma, constantemente flexible, sin quebrantar alguna vez.
Un hombre gracioso:
Con buen humor y deleite, sin dejar pasar la oportunidad de reir a
    carcajadas.
Un humano silencioso:
Siempre dentro de sí mismo, una torre de fortaleza y conciencia.
Poderoso. Duro. Frank, el perceptivo
Un bello hermano!

Hijo, esposo, padre, amigo, tío, primo, mentor, y entrenador . . .
Eres todas esas cosas, a la misma vez, y para todo el mundo

Y por mi y hacia todos
Tu eres, y siempre serás
Un bello hermano.

ALGO PARECIDO AL PEGAMENTO
(UNA ODA A RUTHIE)

Los martillos y clavos no siempre funcionan.
El ruido que causan mientras hacen agujeros, a veces traicionan la tarea.
A menudo algo líquido presionando los bordes ásperos hará el truco.
Tal vez en una pequeña esquina dónde los martillos no caben,
O un lugar delicado el cual los clavos puedan dañar,
Algo parecido al pegamento funcionaría muy bien.

El pegamento es capaz de unir cosas desde adentro;
Juntando piezas fragmentadas.
Soportando la escarcha o el calor,
Permanencia en la lluvia o en sol radiante.
Algo parecido al pegamento funcionaría muy bien.

Dios nos ha creado a todos
Para servir una causa y cumplir Su plan;
Para crecer nuestras alas y sportar Sus pruebas.
Algunas están hechas para dar liderazgo al cambio; otras para levantar la
    bandera.
Unas pcoas son para alentar las pequeñas almas frágiles y débiles.
Para forjar las lágrimas y mendar las rupturas,
Para sellar las brechas y que no se abran más.
Algo parecido al pegamento funcionaría muy bien.

Yo conozco a una dama, fuerte-gentil
Ha tocado nuestras vidas y ahora se marcha.
Nos ha enseñado bien y por su ejemplo

Que el amor es real y el cuidado verdadero sana.

Estamos verdaderamente bendecidos por su presencia, sus hechos,

La hemos infundido en nuestros corazones y semillas.

No fallaremos. No caeremos porque ella aún se anida en nuestros adentros.

Ella es algo parecido al pegamento dentro de nuestras almas.

UNA ODA A EVA

Debajo de tus ramas nos acurrucamos

En tu sombra prosperamos.

Ramas, repletas y pesadas nos cobijaron,

Brotó fruta deliciosa (para nosotros) que nos alimentó y nos apagó la
　　sed;

Que brotó hojas, de las cuales chorrearon gotas de aguas celestiales a
　　nuestros cuerpos;

Y cuando su tiempo llego, ellas también notaron silenciosamente hacia
　　la tierra

Sus ácidos rezumando dentro nuestra tierra ya rica,

Penetrando el mismo suelo sobre el que nos paramos.

Y tan como pudimos jalar, dar tirones, hasta finalmente alejarnos

Capaces de vagar en cualquier dirección que nos favoreciera,

Más allá de tu dosel.

Y hasta cualquier camino que nos atrevieramos a tomar.

ODA A JACKIE MACK

Todo el tiempo
Fuimos amigos, co-creadores
En el patio, en el piso, por el callejón, en el sofa.
Muñecas mezcladas con soldaditos.
Soldaditos bailando con muñecas.
En Guerra, en paz, en juego, y en Descanso.
Todo el tiempo y en sobretiempo, juntos.
A través de la temporada, temporada tras temporada, como niños
Crecimos.
Casi repentinamente pareciera, y armados con bolígrafos, palas,
    cartulinas, o velas
Tu organizaste y reuniste a los trabajadores postales, maestros, equipos
    legales, jóvenes madres, e hijos.
Tu elaboraste políticas públicas, arreglaste el transporte de comida,
    confrontaste jefes, levantaste voces y negociaste truzas, que
    formentaron comprensión, y quebrantaron mitos congelados.
Exponiendo medios cohortes con sus mentiras de superioridad masculina,
    subjubación femenina, dominio de alabastro, y castigo ébano.
Todo el tiempo
Levantándote temprano, trabajando hasta tarde, guiando dos vidas
    jóvenes con amor y cariño para que pudieran florecer a su manera y
    a su propio paso.
Todo el tiempo
Continuamente, continuamente, constantemente, confidentemente
    fluyendo a la fuente de la verdad; de la justicia, de la genuinidad.
Eres mi hermana, camarada, amiga, confidente, y co-conspiradora.
Eres por siempre amada, jamás seras reemplazada.

NUEVOS COMIENZOS

HOGAR, A LA FUENTE

Ahí pensé que era
Luego, sentí que no había otro.
Busqué con mucho esfuerzo . . .
tanta locura loca.
En algún lugar . . . no.
En cualquier lugar . . . no.
En ninguna parte . . . sí
Aquí!
Esto, eso es todo!
Aquí. Ahora.
Aquí mismo. Aquí ahora.
Aquiahora
Esto es.

MI GRAVITACIÓN

Sin cadenas me mantienes.
Sin arneses o cadenas,
me regresas,
abajo,
adentro de ti.

Viajo lejos, y aún,
debo regresar.
Subo como humo,
pero debo caer de nuevo en tí,
dentro de ti,
contigo.

Magnético, manos invisibles captar mi corazón,
y redirigen mis pies.
Fuerzas atómicas me rodean,
me guían, me recuerdan ti,
a tu despertar, en ese espacio mágico que tu creas, y
una presencia que
debo llenar.

Soy obligado
naturalmente como el
mar es guiado por la luna,
subiendo y bajando por donde me lo pida.
Ya sea a la costa o a mar adentro

donde quiera que estés, y desde donde me llames,
allí es donde debo estar;
en nuestro hogar contigo.

SIGUE EL CIELO

No se proyectaban las sombras de las dos figuras lanzándose de edificio en edificio. El sol dominaba el cielo, flotando directamente sobre sus cabezas y radiando sus rayos ardientes por su piel sudorosa. Los sonidos de las armas invadían el silencio. Sus ojos miraban hacia todos lados, alrededor de las calles, hacia los callejones y los caminos ya desiertos.

"Vayamos a ese lugar a descansar," dijo Silvio con calma apuntando directamente hacia un edificio delante, una estructura imponente que parecía mandar en la calle. Corrieron apresurados, agachándose para entrar bajo la sombra fresca.

Raphael se desplomó, dejándose caer en el cemento. Sus rodillas levemente en la superficie, con su espalda presionada contra la pared porosa. Silvio se movió a la orilla de la estructura, volteando la cabeza hacia las calles y callejones adjuntos. "Recupera tu aliento. Nos vamos pronto," dijo manteniendo su atención en las calles y hacia donde provenían los disparos. Raphael asintió con la cabeza y encendió un cigarro. Sintió descanso lentamente mientras le entraba el humo a los pulmones.

"Luchaste muy bien hoy, compañero . . . serás un buen soldado," le dijo Silvio con calma, deliberadamente, con sus ojos fijos en algo, allá en algún lugar. "En cuanto nos encontremos con los demás, te recomendaré para allá vanguardia . . . ahí compartiremos muchas victorias." El sonido de los disparos se escuchaba más fuerte, más cerca. Raphael tomó dos alientos más de cigarrillo y dejó caer el tabaco ardiente al suelo. Los federales parecían estar demasiado cerca. "Refuerzos del Capitolio," pensó Silvio. Apretando su M-! rifle Garand, se movió hacia la pared. "Es hora de irnos," ordenó.

Se encontraban por las calles de nuevo, acogiendo las esquinas. Sus hombros presionados en contra de las paredes, corrieron por encima de piedras, vidrio, y pedazos de cemento desmoronándose debajo de sus botas. Se encontraron con una fila de cuerpos desplomados en un callejón, como un recordatorio abrupto de la batalla del día anterior. La vista de los cuerpos sacudió a Raphael.

Se movió lentamente para poder ver a cada uno de ellos, preguntándose quiénes serían. Si serían amigos, familiares, o tal vez enemigos. Se dió cuenta que no eran ni federales ni compañeros. Era gente humilde del pueblo, campesinos, jóvenes y viejos pobres desarmados. Los federales acribillaban a todos en su camino. Raphael y Silvio aceleraron su paso, su atención más elevada que nunca. Al dar vuelta en la esquina de la plaza, se asombraron al ver una mujer retorciéndose en el suelo. Hasta Raphael podía distinguir su lucha, arrastrándose, ese movimiento que te precede a la muerte. "Es el baile de la muerte," dijo Raphael sin pensar. Al lado de la mujer estaba un bebé, viendo a sus alrededores curiosamente, perplejo, asombrado de los movimientos de la mujer. Había un charco de sangre debajo del vestido de la campesina.

Sus ojos blancos con un vacío vidrioso, como si estuviera viendo su propio cráneo por dentro. Se acercaron a ella cuidadosamente, sin saber que hacer, y aún así sabían muy bien lo que tenían que hacer para alterar el curso de vida. Al acercarse más, pudieron ver una incisión grotesca. Sangre llenaba esa caverna de carne que else extendía desde su pecho hacia el abdomen.

"Toma el niño," ordenó Silvio. Mientras Raphael levantaba el bebé que ahora lloraba, colocando su cabeza contra su pecho, Silvio le metió dos balazos a la mujer en la cabeza. Raphael se movió abruptamente, alejando al bebé. Luego volteó a ver a Silvio y lo encontró con una mirada fría de hierro en sus ojos.

Los hombres regresaron a su camino. El infante en brazos de Raphael mientras su rifle descansaba en su hombro. Fueron sorprendidos cuando los federales abrieron fuego directamente hacia ellos. Varias balas les zumbaron demasiado cerca. Silvio reflexionó al instante, rodó por el suelo hacia uno de los callejones con Raphael a dos pasos detrás.

El callejón cruzaba pie en medio dc los departamentos y edificios de oficina. Se escabulleron por esos misteriosos caminos sinuosos. Voltearon en una esquina y se encontraron con un alto muro a su frente. Por unos cuantos preciosos segundos se congelaron al ver que era un callejón sin salida. Se sintieron traicionados. Raphael con el bebé en sus brazos miró a Silvio pidiéndole una señal, una orden, una mirada, algo. Raphael sin más demora, volteó hacia los federales que se acercaban, sus pasos se escuchaban, y gritaban maldiciones. En unos minutos darían vuelta en la misma esquina. No contaban con el tiempo suficiente para regresar y corregir su curso. Silvio surgió de la esquina, abriéndole fuego a las tropas. Silvio ordenó mientras disparaba su arma, "Raphael, sobre el muro! Pronto! Muévete con el niño. Rápido!"

Raphael titubeo. "Silvio, pero contigo... los dos podemos lograrlo. Apresúrate! Ven conmigo ya!"

Silvio continuó disparándole a los soldados que ahora se detenían. "Llévate al nene . . . vete!" Raphael volteó , y se encontró al frente del muro. Poniendo su arma en el hombro, empezó a trepar. Fijándose muy bien donde pisaba mientras subía y gritó "Venceremos... mi hermano, venceremos!"

Silvio le contestó, "Claro que si, lleva la batalla hacia adelante. Hasta la victoria. Ahora vete . . . márchate!"

Raphael subió al obstáculo, con un brazo cargando al bebé y con el otro arañando, buscando grietas en la pared para apoyarse. Por fin logro llegar a la superficie, luego brincó al otro lado y corrió hacia las lomas. El bebé iba en silencio pero le apretaba la camisa con sus manitas, como si supiera . . .

Segundos más tarde, otro estallido de disparos se escuchó al otro lado del muro, luego una explosión, y finalmente silencio. Un par de disparos quebraron la calma. Raphael se detuvo. La carabina de Silvio no respondió al fuselaje de los soldados. Volteó la mirada hacia el cielo, cerró los ojos y emprendió su camino nuevamente. Más adelante se detuvo a respirar hondo, viendo los ojos anchos del bebé antes de resumir su acenso.

La noche cayó. Miles y miles de estrellas cobijaron el cielo. No había luna, solo el brillo reluciente que las estrellas parpadeaban por agujeros de esa cortina nocturna. Aunque su costado le causaba dolor, se movía deliberadamente, el bebé dormía en su hombro. El pecho le ardía pero sentía haber progresado ya que el campo era más denso con árboles y pasto. La tierra ya no era estéril y llevaba señales que le anunciaban una entrada de bienvenida hacia la selva. Continuó aún por la oscuridad, ahora alineada con arbustos y hojas. Las ramas le golpeaban los brazos y el rostro, cogiendo más confianza con cada paso que daba.

La llamo en voz alta en cuanto llegó a la choza. "Sylvia! Sylvia!"

Se abrazaron en la entrada, sus brazos se envolvían uno a los otros. Los ojos de ella derramaban lágrimas que le corrían por las mejillas. Lo llevó a su regazo y al niño que ya se empezaba a despertar. Sintió la fuerza tierna de sus manos a lo largo de su espalda y hombros; sus abrazos un ballet desesperado. Se dejó llevar por la novedad, una realidad vibrante creada simplemente con sus caricias. El logró entender y hasta se atrevió a aceptar las revelaciones que ella le desenmascaró, estaba a salvo, "esto es real." Ella finalmente estaba completamente presente, viva, segura con el. Primero que nada, por fin estaba en casa. Los largos días y las noches separados se habían terminado.

Las dudas, los miedos, la necesidad de sacar de nuevo las garras, las invasiones de pesadillas podían hacerse a un lado. En ese instante los momentos de dolor se habían borrado, esfumado, liberados a espantar a otras almas. Ahora solo existían sus rezos susurrados y el estar agradecido. La miró mientras el hablaba, recontando los días que acababan de pasar. Sus ojos reflejando las expresiones de el. Le habló acerca de los combates de fuego, de horrores en todo momento que tuvo dentro de sí mismo. Todo eso ahora se desmoronaba como el río a la cañada. Cuando habló del niño, de la mala fortuna de su madre en la plaza, de la huella que Silvio le dejó imprenta al bebé, de su sacrificio, ella bajo su cabeza hacia su propio regazo y hacia los ojos inquisitivos del infante que ahora la buscaba. Ella suavemente le murmuró un arrullo mientras sus cabellos bañaban la piel suave del bebé, sus labios le acariciaban sus pequeñas mejillas. Buscó leche para alimentarlo. El bebé se la bebió atragantándose y le volvió a llenar el vaso nuevamente, regresándoselo a su boquita abierta. Levantó sus ojos y con una mirada radiante buscó los de Raphael. El le lloró mientras revivía el momento en que se alejó de Silvio, mirándolo por última vez. Se recostó en la cama al lado de ella y del bebé. Lloraron juntos. El bebé eructó y se quedó dormido.

"Ese niño ahora es nuestro," ella anunció suavemente. "El es nuestro hijo . . . de nuestra lucha por la liberación. Llamémosle Silvio . . . el debe ser conocido por todos... de este día se llamará Silvio . . . como el que murió para que nosotros podamos vivir." Raphael acertó too con la cabeza. "Si, es el pequeño Silvio . . . de hoy en adelante." La choza quedó completamente en silencio por un minuto. Solo los sonidos nocturnos de la selva—insectos y sapos—podían escucharse. Raphael dormitó por un momento, repentinamente se levantó apoyándose con los codos diciendo, " debemos organizar todas nuestras pertenencias, solo lo esencial... Prepárate para marcharnos. Debemos estar lejos de aquí al amanecer, busca La Columna Central lo más pronto posible."

"Descansa, Raphael," le contestó ella. "Yo empaco lo necesario, configuraré las trampas, y luego vuelvo contigo . . . pero por ahora debes descansar."

Estrechó su cuerpo y estiró sus dedos, acariciándole el rostro al bebé, y se quedó dormido. Sylvia colocó toda la comida que pudo en un bolso. Optó por llevar consigo una copia vieja y gastada de "Pedagogía del Oprimido" de Freire, la fotografía de ella a lado de sus padres y hermanos, varios pedazos de tela y las balas te quedaron, y los envolvió en una cobija. Luego, por casi un kilómetro, retrasó sus pasos y dió vuelta alrededor de varios caminos que llevan directo de la choza para hábilmente rearmar sus centinelas mortales. Regresó a la choza, levantó la vela pequeña para ver el cuerpo de Raphael. Le lavó el cuerpo con una taza de agua tibia con jabón, le cambió la ropa sucia. Su pesadilla de desvaneció hacia la nada mientras ella lo arrullaba y lo acurrucaba, luego se metió lentamente a la cama al lado de Raphael y el pequeño Silvio. Las estrellas comenzaron una rendición lenta hacia el débil resplandor hacia el este. Ella gentilmente tocó el torso de Raphael, deslizando sus manos y despertándolo entre tus brazos, con dulce y tibia delicadeza. Se encontraron sobre una cobija arrojada apresuradamente en el suelo de tierra. Se enlazaron en un ardiente episodio de amor desenfrenado moviéndose mutuamente en unísono con fuegos ardientes que los consumían a ambos. Los dos conscientes de que ese momento juntos podría ser el último.

La noche húmeda que lentamente se desvanecía fue un verdadero aliado para el trío que se movía rápidamente. Muy pronto el sol se uniría a sus enemigos con un calor opresivo, el suelo emitiendo caminos de vapor hacia el viento y esas nubes que pronto serían de tormentas y truenos. Muy pronto sus movimientos y les costaría más trabajo, un esfuerzo desafiante. Por ahora todo estaba fresco, sus piernas se deleitaban con el paso apresurado, sus pulmones y su frente dándole la bienvenida a la brisa de la madrugada. Él cargaba el rifle y el bulto del equipaje, ella llevaba al pequeño Silvio, el bolso en su hombro, y una .45 automática a su costado. Llevaban casi 7 km de la choza cuando escucharon explosiones. Eran granadas que dejó Sylvia como sorpresa para los federales. Raphael gritó, "Justicia para Silvio!!" Luego los dos gritaron "Viva la revolución! Viva la revolución!"

Su fervor se desvaneció rápidamente al darse cuenta que la distancia entre ellos y sus perseguidores era menos de lo que deseaban. De cualquier manera, el logró dar un saludo, moviendo su puño al aire y con una mirada brillante vio a Sylvia y sus coqueteos. Ella asintió con la cabeza y le guiñó un ojo consolando al bebé recién asustado.

"Debemos salir adelante y redoblar el paso, necesitamos ir más rápido," le dijo a ella. "No debemos parar hasta que caiga la noche." Silvia respondió a su paso acelerado acercándosele en el camino por detrás. Él podía sentir un poco de su aliento en la parte trasera de su cuello, dándose cuenta que la que llevaba el paso ahora era ella. Él sabía que ella podía mantenerte al margen. Y hasta sobrepasar a los mejores excursionistas. Sus pasos iban justo detrás de los de él, propulsándolo hacia delante.

Cubrieron larga distancia a lo largos de los arbustos espesos. Cuando el sol finalmente se inclinó hacia el horizonte del oeste, ya estaban a por lo menos 30 kilómetros de la choza. Pararon a descansar cerca de un arroyo. Mientras le dió de comer al bebé, lo limpió, y lo arropó de nuevo, estudiaron el área y despejaron un espacio con árboles. Tomaron turnos en dormir. Sylvia durmió durante el primer turno. Aún mientras uno u otro dormía, se mantuvieron escondidos de cualquier intruso.

El sonido de las hierbas siendo aplastadas en el camino y unas las voces a la distancia perforó la noche y agitó los sentidos de Raphael. Le tocó la bota a Sylvia, pero ella estaba tensa debido a los sonidos que se aproximaban, su pistola en mano. El movimiento se acercaba ellos y se preparaban para el encuentro. Los ruidos movían las hierbas, y el sonido de sus voces ya se distinguían. Sin decir una palabra, los dos sujetaron al bebé y sus pertenencias mientras se retiraban hacia atrás, hacia la vegetación densa y alejándose de los que se aproximaban. Sylvia levantó la pistola y el apuntó el rifle hacia las figuras. Raphael miró al niño dormido, aliviado que estuviera callado, y aún así con el instinto de golpear a alguien con los puños. Cuando por fin las figuras se veían claramente, había tal vez una docena de siluetas. El líder llevaba en sus manos una antorcha y se podía ver que no eran militares y no llevaban armas. Eran aldeanos. "Campesinos, huyendo de los federales," pensó a sí mismo.

"Alto!" Les ordenó Raphael. Los campesinos asombrados obedecieron de inmediato. Sabían que podían ser disparados y acribillados en un segundo. Raphael continuó dirigiéndose a ellos escondido en la hierba. "Ustedes van en camino equivocado." Luego salió de entre los árboles. Los campesinos sintieron alivio al ver a Raphael salir de su escondite. Al frente del grupo había un anciano quien le hacía señas a Raphael y luego a los demás. "Eres tú . . . hey! Es uno de los luchadores por la libertad!" Luego la cara del anciano de alivio se convirtió en confusión y después en molestia y frunció el ceño con asombro, con un poco de desdén.

El deliberadamente y cautelosamente se acercó para preguntarle "porque dices que vamos en camino contrario? Vamos a Guadalupe!"

Raphael le pidió al grupo que se acercara. Luego le pidió a Sylvia que saliera y se uniera a ellos, quienes ya habían formado un círculo. El grupo era una familia de la hacienda Durango. El anciano, Carlos Vargas, era del patriarca de la familia. Con el iban sus dos hijos y sus esposas, quiénes también eran primas. Entre ellos iban cinco niños entre dos y cinco años de edad. Los hombres cargaban el machete y al hijo mayor, un niño llevaba una batuta pequeña.

"Guadalupe es un cementerio," dijo Sylvia. Estaba al lado de Raphael con el bebé en una mano, ahora completamente despierto, y la pistola en la otra. "Lo único que encontrarán ahí son ruinas . . . muerte y los chacales del capitolio. Están matando a todos indiscriminadamente o arreando gente hacia jaulas, prisioneros en sus propias tierras." El clan Vargas se puso nervioso al escuchar a Sylvia. Todo excepto el anciano se miraron unos a los otros. Una ola de miedo y dudas que arrastró dentro del grupo. El anciano no se inmutó, y le habló directamente a Raphael y a Sylvia. "Eso es lo que me imaginé" volteó a ver a Sylvia y le dijo, "Señora, no tenemos otra opción. Nuestros campos fueron incinerados, nuestro ganado y los caballos se los llevaron y nos echaron de nuestras propias tierras. Los federales nos dicen que lo que hacen es para protegernos de los rebeldes quienes usarían nuestra comida y el ganado para construir su resistencia y destruir nuestro gobierno." Se persignó diciendo, "Estamos agradecidos de que estamos vivos. Somos pobres, no podemos hacer nada. No tenemos armas. No queremos nada que ver con la guerra. Vamos a Guadalupe a ver al gobernador para pedirle a él y a las autoridades que nos permitan vivir y nos devuelvan nuestras tierras. Queremos vivir en paz."

"Usted y su familia serán torturados y fusilados", Raphael le gritó tan fuerte como si quisiera que alguien a lo lejos lo pudiera escuchar. Se le acercó a la anciano y le puso el brazo en el hombro y le dijo suavemente al oído: "Vengan con nosotros amigo mío . . . Venga con nosotros. Iremos a las Lomas. Nos uniremos a los demás, a los guerreros de verdad . . . Los que les dan guerra a los federales corruptos para sacarlos y poder construir algo nuevo en la tierra, donde la tierra le pertenece a usted... A la gente, al pueblo, no sesos chupadores de sangre!"

El anciano volteó a ver a su familia. Su hijo mayor se le acercó y le rogó, "Padre, el gobernador lo conoce muy bien, lo recordará. No permitirá que ninguno de nosotros seamos maltratados. Usted y su abuelo sirvieron a su familia por años, construyeron su inmueble, plantaron y cosecharon sus cultivos." El anciano miró la tierra mientras su hijo continuaba. "El ejército nos permitirá pasar. No llevamos armas. No somos ninguna amenaza para ellos. Ellos no tienen pleito con nosotros. Si este hombre Raphael fuera verdaderamente sabio, se nos uniría. Todos tenemos mejor oportunidad de seguridad y protección con usted, padre."

Raphael levantó sus brazos con asco y volteó hacia el hijo mayor que ya empezaba a retirarse. El hijo menor se acercó a regañar a su hermano mayor. Su padre se sorprendió, el hijo menor, Joaquín, asintió con Raphael desafiante. "No debemos pedir misericordia a ladrones ni asesinos, Raphael tiene razón," continuó "Padre mío, usted me enseñó . . . usted me dijo que hay que trabajar duro y defender lo que es nuestro. Me ha enseñado a no confiar el ganado al chacal o al lobo. Usted ha escuchado lo que esta mujer ha dicho acerca del Capitolio. Usted sabe que los soldados no son de confianza. No obedecen ni sus propias leyes! No debemos correr hacia los brazos de los chacales."

El anciano se vio perplejo. Raphael le hablo al hijo menor, Joaquín. "Eres bienvenido a seguirnos. Tenemos uso de un hombre con tu corazón, con tu coraje." Joaquín asintió en dirección de Sylvia y Raphael, pero sus siguientes palabras le traicionaron el gesto anterior diciendo: "Somos una familia, señor . . . Somos una familia. Yo lo que haga sólo lo podré hacer con la bendición de mi padre . . . Sólo con lo que mi familia esté de acuerdo." En anciano respiro hondo; Sus agallas se endurecían y apuntaban al cielo. Ordenó a sus hijos que se acercaran a él y les tocó los hombros a ambos. Le pidió a las dos madres que fueran hacia él, luego nombró a cada uno de sus nietos, claramente y lento uno por uno. Ellos también se acercaron y formaron un círculo alrededor del anciano. Ahora con sus hijos, uno debajo de cada uno de sus brazos y las madres e hijos juntos, les hablo a todos. Mientras les hablaba cada palabra pronunciada parecía ser reforzada por la siguiente palabra—cada sílaba dándole vida a la siguiente—con su voz aún más fuerte y más acertada, les dijo "Cada uno de mis hijos lleva la semilla de la verdad consigo. Mis mejores días ya han pasado. Desde que su madre, su abuela, dejó esta tierra, yo sólo he deseado estar con ella de nuevo . . . Y descansar en paz a su lado. El hoy les pertenece a ustedes, y a sus hijos. Deben tomar lo que les he dado y serle fiel a lo que su corazón les ordene. Yo sólo quiero regresar a nuestro pedazo de tierra, sentarme a lado de la tumba de su madre . . . limpiar la maleza y pedir que descanse en paz . . . Y que yo pueda estar a su lado pronto." Dió una pausa y se aclaró la voz como olas fuertes formándose en su interior, miró a los ojos de su familia gentilmente y dándoles una sonrisa. "Yo ya no conozco este mundo, las colinas y las llanuras, o el Capitolio. Ninguno de ellos son para mí. Soy un hombre simple. Yo sólo deseo enterrar mis manos en el suelo y sentir la tierra entre mis dedos. Ustedes son libres de escoger, tomar sus propios caminos, hoy . . . hoy empezamos de nuevo."

Un silencio inescapable cayó sobre la pequeña asamblea. Un llanto se escuchó en medio del grupo, y el silencio descendió una vez más y flotó con el rocío. Luego algo invisible y a la vez notablemente presente empezó lentamente a surgir, todo se vio claro, hubo un cambio en la reunión, y ahora se pronunciaron adioses, oraciones de buena suerte, y abrazos infecciosos llegaron como el viento. Sin decir palabras, los cuerpos entremezclados que en algún momento fueron la familia Vargas se empezaron a apartar para unirse en una nueva tarea: tres unidades distintas. Raphael y Sylvia se quedaron asombrados al ver lo que sucedía: una encarnación increíble. Nacimiento de tres vidas de un solo capullo. El viejo Vargas volteó hacia su lejana casa del campo ahora vacante y empezó a caminar hacia el lugar de sus memorias más preciadas. El hijo mayor, su esposa e hijos, continuaron el camino que habían emprendido días antes, el camino a Guadalupe. Joaquín, su esposa y tres hijos, caminaron al frente de Raphael y detrás de Silvia con el bebé.

Pasaron varios días antes de que se encontraran con la unidad de comando, los luchadores por la libertad. Esta unidad se sumergía con ellos en los rangos como camaradas y llevarían un nuevo camino con los escuadrones principales. Sylvia y Raphael, al igual que Joaquín, su esposa e hijos . . . esa misma escena, en este pequeño país, se estaría viendo en otros lugares una y otra vez. No sabían, ya que no podían ver con sus propios ojos, que encuentros como los de ellos estaban tomando acabo en muchas otras regiones del mundo. Más allá de los anchos arroyos y las montañas escabrosas del campo. Nuevas formas y configuraciones se levantaban, transformándose. Nuevas familias existirían, nacerían muchos más parecidos a los jóvenes Vargas. Poco sabrían de lo que es un sacrificio, el valor y el desinterés propio igualando o sobrepasando aquel de Silvio y que se repetirían a cada hora, a diario, por el mundo entero. Nadie podría contarlo o estar seguros que sucedería, pero miles de Sylvias y Raphaeles dando un paso adelante, listos y dispuestos a asumir los obvios y escondidos peligros; cualquier reto que se enfrente. Un sinnúmero de pequeños Silvios seguro llegarán a ser hombres y mujeres de bien. Criados con los corazones y en los brazos de gente humilde y ordinaria, quienes seguramente tomarán las herramientas de aquellos que cayeron antes, y las llevarán hacia la batalla. Seguro moverán los hechos heróicos de hombres y mujeres valientes, en tierras dentro de sus propios continentes levantándose a derrotar un enemigo común. No podrán ver las tierras más allá de su propia orilla, observando a las ricas mezclas variadas, y formas de esa misma lucha.

No podrán verlo entonces, en ese mismo momento, y aún así se atreverán a seguir adelante. No lo sabían precisamente, tal vez lo sintieron, pero con sus esfuerzos audaces, pequeñas semillas de esperanza florecieron, exigiendo, torciendo, estirándose a los cielos.

HIJO, LEVANTATE

Eres la semilla de algunos árboles poderosos.
Cipreses fuertes, sabios, hojas resistentes.
Y este árbol también; alguien que te debe su vida.

Era temprano en la primavera:
Antes del amanecer, llegaron estrepitósamente.
Carabina en mi mano, ¡era hora de morir!
Mi esposa, tu incubadora celestial
Me tomó del brazo y se inclinó hacia mi oído, diciendo:
"Estoy cargando a tu hijo".
La puerta se abrió desde adentro.
El arma cayó.
Arrodillándome ante el ejército;
encadenado y desplazado.
Un poderoso Mar Rojo, profundo y turbio, se separó.

Incapaz de guiar tus primeros pasos,
o para pasar batutas directamente para ti en las pistas complicadas y
    ovaladas de la vida.
Sin embargo, empujándome desde lejos; me salvaste de nuevo,
Obsesionante; como un roer incesante profundamente en mis cavernas
    inexploradas empujando mis pies en las selvas de cemento; para
    ayudar a criar a miles de jóvenes,
Muchachos.

Hoy, 42 años han volado.
Ustedes son las oraciones de esos antiguos cedros antiguos y palmeras

tropicales desaparecidos.

Contestado.

¿Y esas aguas rotas de ese Poderoso Mar Rojo?

Son salobres, pero claros; una vez más se fusionan a través de los
vientos, las mareas y las tormentas

como uno . . .

Reflexionando juntos, a veces descubriendo en silencio, a menudo con
asombro y maravilla

Juntos.

Abriendo nuevos caminos a la existencia.

Juntos.

Hoy, nuevas raíces brotan; los brotes frescos empujan la tierra vegetal;

todo anunciando que otro hijo se levantara

señales de bienvenida de una nueva semilla que pronto vendrá.

Entonces ve.

Paga la deuda

aunque no se deba realmente.

Luego emerge del hoyo como el Emperador que eres;

¡Regresando a casa como un Hijo que se levanta!

EL NIÑO EN EL MEDIO

Su futuro está encerrado en el pecho de su hijo.
Una vez,
Había libertad.
Libertad para jugar.
Libertad para soñar con otros mundos brillantes.
Ahora, las cadenas atrapan sus pasos.
(No muy lejos de aquí o muy lejos de allá)
Ahora hay un bebé en el medio.
Una vez,
hubo risas sin protección,
y música a través de la noche.
El toque de un hombre en la mejilla o en el muslo.
Ahora,
hay un abismo, ancho y profundo;
con un bebé en el medio.
Una vez,
había dos.
Ahora,
hay tres, y el tercero se convierte en todo ...
Comida, ropa, tiempo ...
un techo, un refrigerador, una cama.
El niño en el medio
Los péndulos se balancean, el reloj golpea sus tics.
Hay un bebé en el medio.
Una vez,
Había páginas de promesa no escritas;
un mundo de rayos perforando las sombras siempre presentes.

Una vez,

hubo días en la playa, con el ruido de amigos.

Tiempos para soñar despierto y ver al asesino de dragones en el espejo

de la recámara.

Ahora,

hay un horario para hacer, uno que gira en una nueva órbita.

Un nuevo campo emerge.

Un lugar, nuevo pero extrañamente familiar.

Es un campo que está en algún lugar entre

aquí y ahora.

Es una tierra cerca de allí y de ser.

Es un lugar llamado un niño en el medio..

CÓMO PODRÉ ESCRIBIR
UN POEMA DE AMOR?

Sintiéndome solo y desolado,
Esperándote.
No es posible escribirte un poema de amor.
Enfurecido, aturdido y preguntándome.
Preguntándome que estarás haciendo?
Quién/qué te rodeará?
Quién/qué demandará tu atención?
Quién/qué ocupará tus pensamientos hoy?
Así que, preguntándome, distraído, divagando
Cómo podré escribirte un poema de amor?
No es posible en éste momento.
Podré escribir en protesta.
Podré escribir notas de arrepentimiento y murmurar ruidos de
    desesperación.
Más bien, un chillido, un llanto, tal vez parecido a un anhelo.
Soy solo un caparazón, tambaleando entre emociones existenciales.
Definitivamente, una fachada que se derrumba ante los ojos del público.
Afuera en el bullicio de las calles,
O en algún ascensor lleno de gente.
Un payaso con un disfraz que dice, "estoy bien", o
Quien susurra, y a nadie en particular le dice, "no estoy funcionando",
O que simplemente declara, "aquí estoy".
Sentado en el escritorio de mis labores, contestándo el teléfono;
Eso no es un problema hoy.
Vestido en mi traje de armadura
Tampoco es problema:

En la acera: no es posible que tu aparecieras aquí.

O abriendo la correspondencia: tus líneas, tus palabras no aparecerán en
ellas.

Entonces cómo podría jamás escribir un poema de amor?

Seis semanas desde que te ví por última vez.

Entonces, solo fué, "hasta pronto mi amor, te veo después".

Serán diez semanas o más, (o tal vez nunca) antes de que te vea

Una vez más o

Puedo esperar volver a verte de nuevo

Más ayá de tu retrato en mi pantalla,

O (aparte de) tu impresión en la pared, o tus grabados en la carpeta,
entre las páginas

Simplemente sellada en mi mente, constante en mis rosas nasales,
forjadas a mi corazón.

Como puedes ver, yo solo puedo escribir un poema de amor, cantar mi
canción de amor cuando

Puedo sentir la vibración de tus pasos en el suelo,

Sentir tu aliento en mi cuello.

O cuando escucho el sonido de tu susurro en mi oído,

Y solo una vez

Puedo apreciar tu corazón nuevamente en mi pecho.

UN BESO EN LA OSCURIDAD-DE LOS PRIMEROS MOMENTOS DEL AÑO NUEVO

Estamos bajo los cielos, negros estrellados, nos aparta un mar y nos encontramos millas lejos uno del otro

Un frío del norte nos refresca el aire aquí. Una niebla pegajosa del Caribe allá.

Miramos hacia la misma luna resplandeciente, radiante; sus rayos lo acogen todo, las sombras le huyen.

La luna es un espejo a nuestros corazones, reflejando nuestro amor y nuestras oraciones hacia los cielos, y por toda una eternidad.

Un año se convierte en memorias y un nuevo día se desenvuelve. Es media noche.

De repente, una brisa sureña cautelosamente llega hacia mi, presionándose gentílmente sobre mi frente. Cierro los ojos, esperando que permanezca, calurosamente.

Un susurro llega a mi oído.

Una brisa tibia y mojada roza mi mejilla, y acaricia mi boca con un fuego dulce y bochornoso. My corazón me lo dice y yo ya lo sé,

Es tuyo.

ELLA ES TODA CUBANA

Todos los días ella se levanta al sol de La Habana.

Ella se viste para la escuela, ansiosa de dominar el arte de la
computadora.

Al final de las clases ella se mueve deliberadamente a casa para comer, y
cambiar se.

Y se va de nuevo

a trabajar.

Ella baila en línea con las chicas en el antro.

Ella se mueve con elegancia y gracia, una sonrisa plantada en su rostro.

Antes de dormir, estudia para el examen de mañana;

Solo si sus ojos no traicionan su propósito.

Si hubiera una sola opción, un deseo de vivir en cualquier parte del mundo,
ella dice (sin dudarlo), "el lugar sería Verdado".

"¿Qué ?, pregunto con incredulidad fingida," ¿no Francia, ni Italia, ni
los EE. UU.? "No, Verdado", responde ella.

Para ella es un hecho:

el gran Commandante tiene un hogar en Verdado (un barrio de La
Habana).

Y de todas las cosas que podría tener en el mundo; por todas las cosas
que impulsan sus pies a la escuela y luego a trabajar seis días
a la semana; por todas las cosas que más ama en el mundo, es
tranquilidad

Tranquilidad interna, tranquilidad en todo el mundo.

Ella lleva el anillo de bodas de su madre en su dedo, un tesoro que ella
quería poseer desde que papi se fue para hacer un nuevo hogar.

Ella mira el anillo y sonríe con un brillo, a sabiendas; "Soy toda cubana,
yo soy toda Cubana."

17 KILÓMETROS

En la vida hay instantes muy especiales, suceden raramente, pero no están tan lejos de la realidad como uno llegara a pensar. Ese momento en donde la suerte y el destino bailan consigo mismos. Estos momentos son más que mágicos. Mejor dicho, hay veces en las que la necesidad personal y un acontecimiento accidental parecen entrelazarse en una manera tan especial en la cual la "suerte" puede llegar a ser indistinguible del "destino." Y los testigos impotentes, o según sea el caso, los beneficiarios o víctimas, solo puedan nombrarlo al convocar viejos clichés como la palabra "milagro" con fin de poder llegar a describir lo acontecido.

Era una calurosa tarde de abril en Cuba. Yo viajaba por carretera con rumbo a Havana con Tito, un amigo cubano que había conocido un año antes. Tito había tenido tiempo libre para viajar conmigo ya que se encontraba fuera de trabajo como marinero mercante. En ese entonces era difícil conseguir trabajo, especialmente en Cuba, con sus estructuras estrictas al sistema de antigüedad laboral. Tito tenía una esposa y dos hijas. El y su familia extendida me veían como parte de su clan. Tito hablaba muy bien el inglés y había comprobado ser responsable y directo. Estábamos de regreso del Oriente después de casi una semana de visita al rededor de Santiago y Palmas Soriento. Yo conducía mi turno en la carretera en Cuba Central. Nos divertíamos al parar a recoger gente en el camino a medida que avanzábamos. Recogimos a un cubano llamado Carlos que parecía que había estado bebiendo. Se subió en el coche de una manera apretada mientras dejábamos o recogíamos más gente en la autopista. (Teníamos un código secreto donde solo recogíamos mujeres, niños, o ancianos, nunca hombres) y así Carlos se convirtió en una excepción excepcional. Era un bromista que de alguna manera nos convenció que no el no sería ni molestia ni amenaza para nosotros o nuestros pasajeros y que solo quería llegar al pueblo de Sanctus Spiritus que estaba en nuestro rumbo, justo al éste de Havana.

Mientras nos detuvimos a dejar a una mujer en un pequeño pueblo llamado Sibanicú, cerca de Camagüey, Carlos he hizo señas a una mujer, una mujer notablemente bella. Me parecía muy bella para ser real. Noté que su belleza era tanta, que yo no tendría esperanza alguna de gustarle o tener la oportunidad de llegar a conocerla. Mientras nos miraba, dudé que nos escucharía, que jamás consideraría seriamente la oferta de un paseo en nuestro coche. Y aunque se levantó y caminó hacia nosotros, jamás me imaginé que se subiría al auto aun después que Carlos le abriera la puerta para que nos pudiera ver bien. Hacia mucho calor; se veía acosada por la temperatura del día. No mostró miedo y muy poco escepticismo, simplemente parecía estar lista para salir del sol y seguir adelante con su camino.

Se subió. La miré por el espejo retrovisor y vi su rostro y cuerpo mientras entraba al auto. Se deslizó sobre el asiento y se sentó directamente detrás de mi. Era demasiado para mi asimilar y digerir los sucesos con calma. Decidí mantenerme callado y dejar ir mi incertidumbre. Sabía que yo no estaba a su altura. Asumí que ella tal vez sabría de lo bella que era, de sus efectos en la gente, especialmente en los hombres. No recuerdo sus primeras palabras, solo su sonrisa y sentido natural de gracia y equilibrio. Se veía relajada y modesta. No tenía aires de grandeza ni pretensión. No recuerdo si llevaba algo en sus manos o si sudaba o no debido al fuerte calor. No recuerdo ninguna de sus palabras aparte de su nombre. Habló en español y su nombre, aún después de habérmelo repetido varías veces, se escuchaba demasiado difícil de pronunciar. Lo acortó y dijo simplemente, "Yipsi."

En ese momento no lo sabía, pero estábamos a 17 kilómetros del destino final de Yipsi. Respondió a las preguntas de Tito y yo esperaba ansioso la traducción. Aprendí que vivía en casa de su padre, y que el estaba ausente. La casa estaba bajo reparaciones, así que entonces estaba habitando otra casa con su madre y hermana, pero solo por el momento. Sus historias se escuchaban como fabricaciones, como una manera de desviar la atención a algo más complicado (o menos atractivo) a la realidad. Una vergüenza tal vez? Repentinamente sentí un deseo de ser aventurero, de ver si tal vez estaría dispuesta a seguir mi propia fabricación, un juego. De inmediato me escuché invitándola, o tal vez retándola, a que nos acompañara a Havana. Era una noción descabellada, pensé, pero en cuanto lo dije, aún mientras las palabras vibraban en mis oídos, sentí que no tenia nada que perder y a la vez demasiado que perder con esa simple pregunta. Mientras Tito le traducía mi oferta a ella, miré su rostro. Sus ojos se abrieron aún más, como si sorprendida por mi invitación. Luego se echó a reír incrédula, me apartó la mirada, luego la vi viéndome en el retrovisor directamente hacia mis ojos esperanzados mientras su voz cambiaba más en modo de confesión, una declaración. Le dijo a Tito que jamás había ido a Havana, que había muchos problemas ahí, y siguió nombrando las tantas razones por las que no iría. Luego se rió como si nosotros, o tal vez sólo yo, estaríamos lo suficientemente locos para hablar seriamente de ir.

En un instante nos pidió a todos que prestáramos atención hacia un edificio ubicado a la derecha del camino. Era un edificio oficial, la bandera Cubana volaba magníficamente al frente, tal vez una clínica u oficina de cierto tipo, pensé. Nos dijo que era una escuela elemental, luego nos dimos cuenta que a lo que ella señalaba era a la casa a un costado de la escuela. Era la casa que su padre le había dejado después de que milagrosamente se encontró en medio del océano en una balsa hecha con un tubo de llanta para tratar de llegar a los Estados Unidos. Le dijo a Tito que por favor me pidiera que parara el coche, sigamos un camino de tierra, con demasiados baches tallados anteriormente por llantas de tractores y vagones después de fuertes lluvias. Ahora eran surcos endurecidos que apretaban las llantas del auto forzándolo a quedarse en rumbo, al paso, y a sus curvas. Llegamos a una choza hecha de madera. No había puerta, o la puerta estaba abierta y no estaba visible. Al igual, las ventanas todas estaban abiertas, sin vidrio alguno, y las cortinas y ventanales también faltaban. Yipsi se bajó del coche, Carlos y Tito lentamente la siguieron. Yo salí y me estreché bajo el sol y el calor agobiante y eché un vistazo de 360 grados a mi alrededor. Pude escuchar voces ajenas, de mujeres alegremente gritando "Yipsi!" (El nombre por quien todo mundo la llama). Un perro ladraba y había risas a todo alrededor.

Yipsi se detuvo a acariciar al cachorro, quien se tiró sobre su espalda y se dejó tocar por ella. Se escuchaban sus arrullos hablándole a un bebé mientras le acariciaba la cabeza y su pancita al cachorro. Un niño de tal vez tres años corrió hacia ella. Lo levantó en sus brazos, le besó el rostro y le arrulló idénticamente como lo hizo con el perrito. Dos mujeres mayores salieron, radiantes ellas, con las manos en las caderas como si estirando el cuerpo después de haber terminado una gran tarea. Otra mujer salió de la casa. Se besaron en las mejillas una a la otra. Yipsi volteó y señaló hacia Tito y Carlos. Bromas y besos para todos en las mejillas. Tito y Carlos se excusaron a buscar un lugar donde orinar detrás de la cabaña/casa. Una de las mujeres dirigiéndose a ellos hacia señales con sus manos, ubicándolos. Camine hacia la reunión cerca de la puerta principal con una botella de agua en la mano, tratando de sonreír mientras simultáneamente guiñaba los ojos por el sol resplandeciente. Me saludaron amablemente, besos y abrazos de nuevo y una mirada obvia de las tres mujeres hacia mi. Mientras Tito y Carlos regresaban, retraje sus pasos para encontrar el escusado externo. Gemí con anticipo del mal olor que sabía estaba apunto de sentir. Me alivió el no oler nada cercano a los olores pesados que usualmente son asociados con latrinas externas. El olor era más ligero, mucho más tolerable de lo que alguien naturalmente pudiera imaginar.

Regresé al olor de café caliente siendo preparado en la estufa de leña, conversación entre los chicos y las mujeres, pero sin ver a Yipsi. Una pequeña muestra de pura droga cubana, ese café magnífico. Caminé alrededor de la choza inspeccionando los terrenos mientras las conversaciones en español seguían dentro, llenas de intimidades de Carlos, provocando un intercambio de preguntas y respuestas entre su nueva audiencia. Llegué hasta una de las ventanas abiertas donde se encontraba Iyo con las chicas más jóvenes (después supe que era su prima) parada al lado de una cama. Yipsi buscando y doblando ropa, metiéndola en un bolso. Se volteó hacia mi y sonrió mientras seguía con su tarea. Parecía preguntarme acerca del café, si me había gustado, si bebí suficiente? Yo de una manera respondí diciéndole "si, si, si" mientras mis ojos estupefactos la observaban en la tarea que la consumía. Su prima lentamente cabeceó hacia mi mientras lograba mirarme con la intensidad de una radiografía, pero mostrando una actitud cordial. Podría ser? Me puse a pensar. No puede ser, me dije a mi mismo. Podrá ser así? Me pregunté. No está empacando y preparándose para ir con nosotros, o si? Pero así fue. Unos momentos después Tito se encontraba detrás del volante con Carlos de copiloto. Yipsi conmigo en el asiento trasero, sus ojos cerrados, una gran sonrisa en sus labios, mis audífonos en sus oídos, la música de Sade serenándola desde el disco compacto, y su cabeza en mi regazo.

Lo que aprendí esa tarde caliente de verano, y lo que fue más claro aún después, más evidente conforme los días se volvieron semanas, meses, y luego años increíbles es que ella es tan refrescante. Es ella, sin pretensión, muy consciente de esas señales que salen solo por debajo de la superficie, tan capaz de ver más allá de la imagen del deseo proyectada por otros y tomar la verdadera naturaleza sin declaración alguna ni disfraces. Aprendí después que al igual que yo, en ese mismo instante tambaleó hacia una coyontura especial en la vida. Igual, ella se movía, no solo en el sentido físico, fuera de casa y atreviéndose a explorar más allá de sus áreas establecidas por zonas de confortable. Hoy, hasta las zonas de confort son cuestionadas, desafiadas, sometidas a un despido absoluto. Yo entré en su vida en ese momento, presentándome a mi mismo como una opción en ella. Ella había pasado por un periodo doloroso, una relación decepcionante, su propio "tiempo especial" personal dentro del "tiempo especial" oficialmente declarado por el gobierno cubano, marcando los días y las noches de confusión económica inmediatamente después de la implosion de la Unión Soviética. Ella saliendo de entre las nubes, de pérdida y miseria, hoy decidiendo levantarse, secarse las lágrimas, mirando sin temor hacia adelante, abierta y preparada para otro round the la vida.

Accidentalmente y destinado, yo conducía en ese momento; ella bajo la sombra de un árbol al costado de la autopista, yo detrás del volante de un coche en una extraña y nueva tierra: 1,429 millas de mi hogar y 17 kilómetros del de ella.

DOS TRABAJOS, SIN ORACIONES

El final del día para muchos es el comienzo de su segundo turno.

Ella aparta los libros de tecnología y las notas de la clase.

Ella descarta el vestido dc la escuela y se detiene en el espejo.

Ahora, para vestirse de nuevo, para transformarse de nuevo.

El cabello.

La ropa.

Sus ojos, sus labios, todo debe cambiar.

Ah, ser humano en La Habana.

Uno debe de tener dos vidas para vivir humanamente.

Está el taladro de la luz del sol.

Paga por tus comidas del medio día, y

quizás (y para algunos tramos muy largos) una prenda o dos.

Luego está el concierto de la luz de la luna.

Vale la pena pagar esa silla, un refrigerador, un poco de pintura, tal vez
    un teléfono,

algunas ropas, o simplemente algo nuevo para compartir.

Sin eso, estás bajo presión.

Con eso, hay una posibilidad.

La humanidad está viva y bien en Habana porque

esa es la forma en que son las cosas:

Dos trabajos, sin oraciones

dificultades, por supuesto,

dificultades, una necesidad,

lucha, ¿qué más?

Tristezas nunca y familia siempre.

Ah, ser humano en La Habana.

Uno puede amar a los visitantes extraños,
y aún desprecian sus creaciones.
Pasear por el Malecón,
admira las olas, saluda al sol e
influye en los tambores, pero
apártense para los recién llegados.
Parecen no tener acabamientos, ni muros, ni límites.
La humanidad está viva y bien en La Habana porque
esa es la forma en que son las cosas:
Dificultades, por supuesto!
Dificultades, una necesidad.

Luchas, ¿qué más?
Tristezas, nunca.
Familia, *siempre*!

MEDITACIONES

DE REPENTE, DOS ÁRBOLES

Caminado a lo largo de la trayectoria de un camino cálido y húmedo, en
    un atardecer primaveral.
Dos árboles capturaron mi mirada;
Una mirada errante llena mi interior
Llenándose de una atención más completa.
Pensé en ti, invocando un sentido de unidad en mi corazón.
Estos dos árboles.
Estaban a lo largo de la orilla del arroyo.
Separados por las aguas, cada uno en el mismo precipicio de sus bancos;
Sin embargo, abrazándose, estrechaban sus ramas uno hacia el otro,
    entrelazándose.
Mientras que sus raíces trabajan soberanamente, librándose uno del
    otro.
Cada uno envuelto en un destino común: un puño de madera, carnosas
    arterias expuestas sobre la tierra fina.
Trabajando, sobre su casa-cama rocosa;
arañando en su casa-cama rocosa.
Los troncos revelaron los trabajos de temporadas pasadas.
Extremidades aún estériles de los meses de invierno recientemente
    fallecidos.
Sin embargo,
Sus ramas exteriores se extienden hacia la luz del sol y por el otro,
se entremezclan, vivo con nuevos bulbos, flores frescas con tanta
    promesa.
Promesas de nuevas fragancias para presentarse,
nuevos colores para abrazar los cielos;
de nuevas semillas para caer a la tierra . . .

YO VINE

En contra, a través y más allá de las nubes,
del viento, ojos electrónicos
colmillos afilados y leyes estáticas
Yo vine.

Vine con mi pasión,
un compañero salvaje interno, uno que es para siempre
listo para saltar, siempre deseando envolverte.

Vine con mi corazón,
resbaladizo, ardiente,
rojo empapado de anhelo . . .
anhelando, palpitando en la piel de los sueños vivientes

Vine con mi amor,
profundo y ancho
Un amor capaz de arrasar, de aferrarse, de llevarse adelante,
Siempre fluyendo hacia un mar infinito.

Vine por (y encontré) a usted,
Una atención, una visión,
una caricia; todo a la vez eléctrico, terciopelo, mágico, calmante.
Amor innegable

Vine por (y encontré) a usted:
un suspiro, un susurro.

Vapor en los labios, un bálsamo hacia la oreja
Una espiga abrasadora para el alma.

Vine por (y encontré) a usted:
una palabra, una pronunciación que brota en una frase
para convertirse en una promesa de una novela llena de maravillas
o una canción cantada acappella en la llave de la vida.

Vine para regresar
Regreso, nunca me voy,
nunca más,
Nunca.

SENTARSE

Relájate profundamente
Observa todo,
en silencio, con los ojos cerrados.
Los pensamientos pasan como nubes distantes, nunca se
detienen.
Siéntate.
Relájate profundamente
Sin deseos, metas, ambiciones, arrepentimiento, y esfuerzos.
Siéntate.
Relájate profundamente
La respiración y el pulso irradian los sentidos, barren el cuerpo.
Entonces,
por y por,
lentamente, de repente
el asombro sucede.
Dios / tú emerge,
aparece desde adentro de ese centro de calma.
Uno que siempre estuvo allí.

ARRODILLÁNDOSE

Arrodillándose
A los llamados más profundos del corazón.
Antes de que "hagas" algo,
Pausa y busca,
Confía internamente,
Regálate un festín,
Infórmate,
Investiga,
Profundiza, ve hacia adentro, arriba . . .
Luego álzate.

Arrodíllate, haz homenaje, refleja en lo Divino en ti/y en cada otro.
Arrodíllate, alza al Creador, el Amor Supremo, el Amo/Maestro de todos . . .

Arrodillarse – no es ni débil ni evasivo.
Más bien, una bienvenida,
Dinámico, animado, receptivo, silencio enérgico, un devoto
Sin-mente.
Sin miedo al tiempo
Ya que el invierno llega Y la primavera entra.
Sin mente: un poder acaudalado, un sentido de ser, poseer sin necesidad
    de proyectar o proteger.

Arrodillá(ndose):
• En la presencia de lo maravilloso,
• Por el derramamiento del miedo/la preocupación,
• Durante el resplandor de un amanecer,

- En la sombra de la luna,
- A la mano de un bebé
- A la sonrisa de un siervo,
- Al palpitar de la angustia, como su energía se eleva, o se calma,
- Cuando el mundo se derrumba,
- Cuando el sol sale a través y por encima de las nubes,
- Cuando un niño nace, regocijado, y alzado a la luz del sol,
- En humilde reverencia,
- Cuando solo y perdido,
- Cuando llega lo inesperado,
- En la cara del sufrimiento
- Y al ser testigo de la valentía
- Mientras la familia se esfuerza en unidad,
- Cuando la comunidad se une.

Arrodíllate y dale la bienvenida al Huésped.
Arrodíllate a los llamados más profundos del corazón.

CPSIA information can be obtained
at www.ICGtesting.com
Printed in the USA
JSHW022148220623
43663JS00004B/4